Europas

rote

Gespenster

Biografische Skizzen

Karl Marx

- Genie und Chaot

Biografische Skizze

Hein Paler

Impressum

Bibliografische Information der Deutschen

Nationalbibliothek:

Die Deutsche Nationalbibliothek verzeichnet diese

Publikation in der Deutschen Nationalbibliografie;

Detaillierte bibliografische Daten sind im Internet
über

http://bnb.bnb.de abrufbar.

© 2021 Hein Paler

Herstellung und Verlag: BoD – Books on Demand
                                                        Norderstedt

ISBN: 9 783750 427457

Hinweise zu Klammern und Anführungszeichen

[ ] und { }	Hinweise des Autors
„ "	Zitat oder Buchtitel
(...)	Textstelle wurde gekürzt
' `	Wörtliche Rede innerhalb eines Zitats
( )	Der/die VerfasserIn des Zitats setzte die Klammer

Literatur zum Thema

Hunt, Tristram: Friedrich Engels, Berlin 2017

Jones, Gareth Stedman: Karl Marx, Frankfurt a.M. 2017

Enzensberger, Hans Magnus (Hrsg.): Gespräche mit
Marx und Engels, Band 1 und Band 2, Frankfurt a.M. 1973

Schubert, Käte (Hrsg.), Heiteres und Bissiges von Marx und
Engels, Berlin (Ost) 1987

Die Rechtschreibung der Zitate   wurde nicht verändert.

Währungsangaben   entsprechen grob dem Wert von 2010.

Inhalt

2.   1844 – 1867   [S. 65 – S. 164]

Sehr geehrte Damen!

In diesem Buch über Karl Marx wird von Freunden die Rede sein, von Lehrern, Studenten, Professoren, Journalisten, Revolutionären, Parteigenossen. Wo bleiben die Studentinnen, Lehrerinnen, Parteigenossinnen...? Sie waren im 19. Jahrhundert die Ausnahme. Es soll kein Affront gegen Sie sein, geschätzte Leserinnen, wenn zu 90 Prozent des Textes nur von Männern die Rede sein wird.

So sehr Marx Revolutionär war, die Emanzipation der Frau war kein Thema für ihn [eher für Friedrich Engels]. Das 19. Jahrhundert teilte die Welt der Familien noch in innen [= Frau] und außen [= Mann] ein, so wie Schiller es im *"Lied von der Glocke"* beschrieb:

"Und drinnen waltet die züchtige Hausfrau (...)

Und herrschet weise im häuslichen Kreise (...)

Der Mann muß hinaus ins feindliche Leben,

Muß wirken und streben (...)"

In Karl Marx´ Welt waren alle Gymnasiallehrer und Professoren Männer. Auch als Reporter und Redakteur hatte er nur Umgang mit Männern. Und alle, auf die er sich beim Aufbau eines sozialistischen Systems bezog [Saint-Simon, Owen...] oder mit denen er in Konkurrenz stand [Weitling, Proudhon...] waren männlich.

Die für sein Leben bedeutsamen Frauen gehörten zur Familie: Seine Mutter, seine Frau, seine drei Töchter, sowie das von 1845 bis zu seinem Tode 1883 für die Familie arbeitende Dienstmädchen Helene Demuth. Auch seine Schwestern waren für Marx nur Teil der Familie: geistige Anregungen oder Impulse gaben sich die Geschwister nicht.

Zwar führte Marx auch mit Frauen politische Gespräche oder korrespondierte mit ihnen über komplexe Themen [Z.B. Vera Sassulitsch]. Doch das waren Ausnahmen. {Übrigens mussten sich Studentinnen noch im 20. Jahrhundert anhören, sie nähmen qualifizierten jungen Männern die Studienplätze weg.}

Drei schriftliche Zeugnisse aus Marx´ direktem Umfeld verdeutlichen damalige Denkstrukturen. Er selbst schrieb 1868 in einem Brief über die Bedeutung der Frauen:

"Jeder, der etwas von der Geschichte weiß, weiß auch, daß große gesellschaftliche Umwälzungen ohne das weibliche Ferment unmöglich sind. Der gesellschaftliche Fortschritt läßt sich exakt messen an der gesellschaftlichen Stellung des schönen Geschlechts (die Häßlichen eingeschlossen)."

Marx´ Ehefrau Jenny fasste im Mai 1872 ihre Erfahrungen so zusammen: "Uns Frauen fällt in all diesen Kämpfen der schwerere, weil kleinlichere Teil zu. Der Mann erkräftigt sich im Kampf mit der Außenwelt, erstarkt im Angesicht der Feinde, und sei ihre Zahl Legion, wir sitzen daheim und stopfen Strümpfe. Das bannt die Sorgen nicht, und die tagtägliche kleine Not nagt langsam, aber sicher den Lebensmut hinweg. Ich spreche aus mehr als 30jähriger Erfahrung (...)"

Zum Kreis der Marx-Bewunderer gehörte der Arzt Ludwig Kugelmann. Seine Tochter Franziska erinnerte sich [nach 1900] an ein Ereignis aus dem Jahr 1869: Ihre Mutter hatte gerade Marx gefragt, ober er ihr nicht eines seiner Werke empfehlen könne, damit sie sich in seine Lehre einlesen könne.

"In diesem Augenblick ertönte ein lautes Krachen, von einem Aufschrei begleitet, aus dem nebenan liegenden Eßzimmer. Meine Mutter eilte hinaus und (...) die Zurückbleibenden [hörten] meine Mutter erschreckt fragen: ´Haben Sie sich weh getan? (...) Setzen Sie sich, ich gebe Ihnen ein Glas Wein.´ (...) Nach einiger Zeit kam meine Mutter wieder herein und sagte: ´Luise stolperte auf der Schwelle und fiel mit dem großen Servierbrett ganz voll Kristall, das in tausend Scherben zersplitterte. Wie hätte sie sich verletzen können!´ (...)

´Dächten alle im Großen und im Kleinen ebenso´, sagte Marx, ´dann wäre erreicht, was wir erstreben. (...) Unsere Frau Gräfin kann ihre Zeit poetischer und heiterer ausfüllen als mit nationalökonomischen Studien.´ Er lobte Frau Kugelmann für ihr "instinktiv soziales Empfinden."

Marx´ Einstellung entsprach der seiner Epoche: Intuition war Sache der Frau, Studium Sache des Mannes.

1   1789 - 1843

Daten

Karl Marx   5. 5. 1818 [Trier] - 14 3. 1883 [London]

Karl Marx   *Wichtige Ereignisse*

1789 Französische Revolution
1805 Trier und das Rheinland werden   Teil Frankreichs
[Juden-Emanzipation: Juden dürfen als Anwälte arbeiten]

1808   Heinrich Marx arbeitet als Anwalt in Trier

1814   Heirat von Henriette Presburg [1788-1863] und Heinrich Marx [1777-1838] [Marx´ Eltern]
1815 Das Rheinland wird preußisch

1816-1819   Heinrich Marx lässt sich als Protestant taufen [Genaues Datum nicht belegt]

1818   Geburt Karl Marx [5. Mai 1818, Taufe 1824]

1830 Revolutionen: - Philippe von Orleans   wird französischer König   - Gründung des Staates Belgien

1830 - 1835 Besuch des Josef-Gymnasiums in Trier
1835   Aufnahme des Jura-Studiums in Bonn
1836   Verlobung mit Jenny von Westphalen

1836   Wechsel zum Studium nach Berlin
1838   Tod des Vaters; Freundschaft mit dem Linkshegelianer Bruno Bauer u.a.

Karl Marx   *Wichtige Ereignisse*

1839   Marx möchte seine Doktorarbeit im Bereich
        Philosophie schreiben

                1840 Tod des preußischen Königs
                Friedrich Wilhelm III.,
                sein Nachfolger wird Friedrich
Wilhelm IV.

1841   Marx´ Doktorarbeit wird anerkannt [in Jena]

1842   Journalist bei der *Rheinischen Zeitung*
                    [in Köln, ab Okt. Redakteur]
1843   *Schließung der Rheinischen*
                    Zeitung [1. April]

1843   Hochzeit mit Jenny von Westphalen
                    [Juni, Bad Kreuznach];
        Das Ehepaar verlässt im Oktober Deutschland
        und zieht nach Paris.

        Dort arbeiten Arnold Ruge und Marx an den
        „Deutsch-Französischen Jahrbüchern"

1.1 Fakten, Emotionen und Vernunft
[Oder: Schwierigkeiten
beim Schreiben der Wahrheit]

Dieser Text verfolgt eine simple Absicht: Leser*Innen sollen sich rasch über Karl Marx´ Leben und Werk orientieren können {Seine Familie, sein Umfeld, seine Eigenschaften, die Freund*Innen, Gegner, Organisationen, Texte...}
Beachten Sie bitte: Sich umfassend über Karl Marx und seine Epoche zu informieren, könnte zu einer Passion oder zu einer Lebensaufgabe auswachsen.

Allein für das augenblickliche Projekt MEGA² {Marx-Engels-Gesamtausgabe - unter Leitung der Internationalen Marx-Engels-Stiftung in Amsterdam} ist die Herausgabe von 114 Bänden geplant. Nach über 20 Jahren Arbeit wurden davon bisher 65 erst Bände veröffentlicht.

Aktuell bemüht sich die *Neue Marx-Lektüre* um eine Annäherung an Marx´ Intentionen. Die an der *Neuen Marx-Lektüre* beteiligten Forscher*Innen sind bestrebt, unter dem gewaltigen Berg der Texte von und über Marx seine wirklichen Absichten zu finden.

Denn zu einer Reihe wichtiger Themen finden sich in Marx´ umfangreichem Werk teils unterschiedliche, teils sogar widersprüchliche Aussagen. Schon zu seinen Lebzeiten verstanden ihn Mitstreiter und Zeitgenossen unterschiedlich. Und nach Marx´ Tod interpretier(t)en Marxisten und Sozialisten seine Aussagen in die Bezüge ihrer Zeit hinein.

Doch auch die an der *Neuen Marx-Lektüre* beteiligten Wissenschaftler*Innen gelangen nur zu sehr unterschiedlichen Deutungen des Marx´schen Denkens. Das ist unvermeidbar: Denn alle Leser*innen und Interpret*innen beurteilen Karl Marx aus ihrer ganz eigenen Perspektive. Jede Deutung gehört in einen speziellen Rahmen und ihre Verfasser*innen verfolgen unterschiedliche Ziele.

Gleiches gilt auch für Biograf*Innen und somit für dieses Buch.
Menschliche Perspektiven sind mit Emotionen verknüpft. Und die bestimmen unser Denken meist mehr als unser Verstand. - Prüfen Sie unbedingt für sich selbst: Fühlen [und denken] Sie Marx schwarz oder weiß?

Schwarz meint:
Marx = Kommunismus = Totalitarismus = Unterdrückung = Die Partei hat immer Recht = Nordkorea = China = Eiserner Vorhang = Millionen von Opfern...

Weiß meint:
Marx = radikaler Denker = stellte die Philosophie „vom Kopf auf die Füße" = Marxismus als anerkannte wissenschaftliche Methode = Wegen des Neoliberalismus zeichnet sich am Horizont die Revolution des Proletariats ab...

Bei den meisten Menschen verbinden sich mit „Karl Marx" und dem „Marxismus" jede Menge emotionale Unwuchten. Deshalb kann keine Biografie mit einem harmlosen Einstieg beginnen. Etwa nach diesem Muster:

"Am 5. Mai 1818, einem Dienstag, erblickte das dritte Kind der Familie Marx, ein Junge namens Karl, das Licht der Welt. Seine Mutter, Henriette geb. Presburg, eine niederländische Kaufmannstochter, hatte 1814 den

erfolgreichen Anwalt Heinrich Marx geheiratet. Die Familie lebte in Trier, das keine 12 000 Einwohner hatte. Die älteste Stadt Deutschlands gehörte seit 1815 zum preußischen Rheinland..."

So ein Beginn verbietet sich. Denn das Unbewusste von Millionen Menschen schaltet bei Nennung des Namens Karl Marx automatisch auf Abwehr: Marxismus? Das *kann* nur negativ sein! Reflexartig wird auf Bedrohungs-Abwehr geschaltet. Marx und Marxismus, das sind Inbegriffe des Bösen, ein Tabu, mit Schrecklichem verbunden. Kommunismus! Klassenkampf! Diktatur! Planwirtschaft!

Denn die Partei, die immer recht hatte, hinterließ als Beweis ihrer Unmenschlichkeit Berge von Leichen am Eisernen Vorhang. Da gab es Gulags und psychiatrische Kliniken...
Zum großen Glück ist das seit 1989/1990 Geschichte. Marxismus? Das ist vorbei. Denn er war schlecht und funktionierte niemals und nirgendwo.

Jedoch...

Immer noch und immer wieder geraten Menschen in den Bann des Marxismus. Erstens bestechen dessen historische Analyseansätze: Vorhandene Arbeitsgeräte [= Produktionsmittel] bestimmen die Möglichkeiten der Menschen zur Gestaltung ihres Daseins: Gesellschaften, denen Dampfmaschinen zur Verfügung stehen, können ihre Existenz ganz anders gestalten als solche, die nur Steine als Werkzeuge kennen.

Und je nach vorhandenen Produktionsmitteln benötigen soziale Verbände unterschiedliche Gesetze und politische

Strukturen. Das Sein bestimmt das Bewusstsein: „Es ist nicht das Bewusstsein der Menschen, das ihr Sein, sondern umgekehrt ihr gesellschaftliches Sein, das ihr Bewusstsein bestimmt."

Marx, „Zur Kritik der politischen Ökonomie", 1859

Bertold Brecht verkürzte das auf die Formel: *"Erst kommt das Fressen, dann kommt die Moral!"*

Zweitens gehörten zur Entwicklungsgeschichte der Menschheit auch soziale Gegensätze wie die zwischen Herren und Sklaven, zwischen Grundherren und Leibeigenen. Das gilt auch noch heute. Die Hungernden und die Ausgebeuteten wissen das. Allerdings wissen viele nicht, dass sie ausgebeutet werden.

Überprüfen Sie einmal für ihren Staat:

- Es gibt Länder, in denen sitzen Bedienstete von Konzernen in Ministerien und formulieren dort Gesetzestexte.

- Es soll Hauptstädte geben, in denen auf 100 Abgeordnete 300 Lobbyisten [oder mehr] kommen.

- Die theoretische Gerechtigkeit mancher Verfassungen wird erwürgt von einem engmaschigen Netz nationaler und internationaler Gesetze.

- Das Argument *"Du brauchst doch einen sicheren Arbeitsplatz!"* dient zur Aushebelung anderer Ziele [Umwelt, Familie, Abrüstung...].

- Unter der Fahne demokratisch geförderter Individualität läuft ein millionenfaches Kampfspiel *"Jeder gegen jeden!"* ab {mit erschreckend vielen Verlierern und verblüffend wenigen Gewinnern}.

- Und hinter vielen hohen moralischen Grundsätzen von Konzernen, Verbänden und Parteien steckt nichts anderes als die Absicht, Macht zu sichern und zu gewinnen.

Beschrieb der im 19. Jahrhundert lebende Karl Marx mit seinen Analysen von „Klassenkämpfen" letztlich nicht aktuelle sozial-politische Realitäten des 21. Jahrhunderts?

Marx bot drittens auch die Vision einer zukünftigen Gesellschaft, in der alle nach ihren Bedürfnissen leben und nach ihren Fähigkeiten arbeiten können.

Und diese biografische Skizze? Nimmt sie *für Marx* Stellung? Oder *gegen ihn*?
Sie zählt sachliche Fakten zu Marx´ Leben und der Entwicklung seiner Lehre auf; Fakten, die *für* Marx sprechen und solche, die *gegen* ihn sprechen.

Durch den Versuch einer ansatzweise neutralen Sicht soll Leser*Innen Hilfestellung zu einem begründeten Urteil gegeben werden. {Sofern sie selbst sich von eigenen Vor-Gefühlen und Vor-Urteilen frei machen können.}

Karl Marx´ "Lehre" wurde schon zu seinen Lebzeiten unterschiedlich interpretiert. So stellte Karl Marx nach der Begegnung mit einer Gruppe von französischen Anhängern ernüchtert [und ironisch] fest:

> "Wenn das Marxismus ist,
> dann bin ich kein Marxist."

1.2 Einmal Jude - immer Jude!

Einmal Jude – **immer** Jude?

„Viele Juden und Flöhe hierselbst!",

teilte Karl Marx am 25.8.1879 Friedrich Engels aus Ramsgate [in England] mit.

Im ersten Kapitel ging es darum, dass Emotionen kritisches Nach-Denken über Personen und ihre Leistungen abblocken können.
Das zweite Kapitel befasst sich mit einem besonderen Vorurteil. Viele packen Karl Marx in die Schublade „Jude".

Es ist Fakt: Karl Marx wurde als Jude geboren. Weil das so ist, werden der Mensch Karl Marx und sein Werk von vielen vorschnell als „jüdisch" abgestempelt.

Gewöhnlich wird Mitmenschen die Chance eingeräumt, sich als autonome Persönlichkeiten zu beweisen. Wer z.B. als Ägypter auf die Welt kam [oder als Chinese, Kongolese, US-Amerikaner, Brasilianer, Rumäne,...], dem wird [als Nachbar*in, als Arbeitskolleg*in...] Gelegenheit gegeben zu zeigen, dass viele Vorurteile über sein Volk für ihn persönlich nicht zutreffen.

"Juden" aber wird diese Chance verweigert. Tragen *die* nicht von Geburt an ein unveränderliches Brandzeichen auf der Stirn? Juden bleiben Juden, selbst wenn sie katholische Priester geworden sind. Oder wegen ihres athletischen, blonden und blauäugigen Aussehens eigentlich skandinavische Supersportler*Innen sein müssten.

"Antisemitismus ist, wenn man den Juden mehr hasst als nötig", besagt eine sarkastische Feststellung. Deren Wahrheit lässt sich am Beispiel Karl Marx demonstrieren.

Marx verstand sich nie als Jude. 1824 wurde er als Christ getauft, verstand sich im Erwachsenenalter aber als Atheist. Karl Marx war niemals Mitglied einer jüdischen Organisation und engagierte sich für keine von ihnen.

Bei der Entwicklung seiner Lehre bezog er sich weder auf die "jüdische" Rasse noch ihre Religion. Beides, Religion und das Einsortieren von Menschen in rassistische Schubladen waren für ihn Phänomene des Überbaus.

Wieso wird dann heute noch behauptet, der Marxismus sei eine jüdische Erfindung [Genauso wie der Liberalismus und der Kapitalismus]? Karl Marx´ Eltern stammten aus jüdischen Familien. Das allein lässt die „Einmal Jude – immer Jude!"-Fraktionen vermuten, dass der Marxismus auf jeden Fall etwas "Jüdisches" sein muss.
Denn Juden sind nun einmal Juden und bleiben es. Exemplarisch belegt ein Leserbrief aus dem Jahre 1871 in der *Basler Zeitung* diese Einstellung. Der Schreiber lieferte sich eine heftige Auseinandersetzung mit Karl Marx. Nachdem er in seinem Brief zuerst seine Vorwürfe gegen Marx ausführlich dargelegt hatte {Einige Anschuldigungen trafen sicher zu; Marx war kein Unschuldslamm.}, rundete er seinen Text mit folgenden Bemerkungen ab:

„(...) Selbst ein Jude, hat er [= Marx] um sich, in London und in Frankreich, vor allem aber in Deutschland, eine Menge keiner mehr oder weniger gescheiter, intriganter, beweglicher, spekulierender Juden, wie es die Juden überall sind, Handels- oder Bankagenten, Literaten, Politiker, Korrespondenten für Zeitungen aller Schattierungen , (...) einen Fuß in der Bank, den anderen in der sozialistischen Bewegung und mit dem Hintern auf der deutschen Tagesliteratur sitzend (...)

Nun, diese ganze jüdische Welt, die eine ausbeuterische Sekte, ein Blutegelvolk, einen einzigen fressenden Parasiten bildet, eng und intim nicht nur über Staatsgrenzen hin, sondern auch über alle Verschiedenheiten der politischen Meinungen hinweg – diese jüdische Welt steht heute zum großen Teil einerseits Marx, andererseits Rothschild zur Verfügung.

Ich bin sicher, daß die Rothschild auf der einen Seite die Verdienste von Marx schätzen und daß Marx auf der anderen Seite instinktive Anziehung und großen Respekt für die Rothschilds empfindet.

Dies mag sonderbar erscheinen. Was kann es zwischen dem Kommunismus und der Großbank gemeinsames geben? Oh! Der Kommunismus von Marx will die mächtige staatliche Zentralisation, und wo es eine solche gibt, muß heutzutage unvermeidlich eine zentrale Staatsbank bestehen,

und wo eine solche Bank besteht, wird die parasitäre jüdische Nation, die in der Arbeit des Volkes spekuliert, immer ein Mittel zu bestehen finden... (...)"

Der Verfasser dieses Textes verstieg sich zu pauschalen Vorwürfen wie:
„Die Juden" rotten sich instinktiv zusammen, um andere Völker auszunutzen. Mögen Juden auch gegensätzliche Meinungen vertreten, hier pro Kapitalismus, dort pro So-

zialismus, in ihren Herzen sind sie gemeinsam Juden.

Fatal war, dass 1871 die Hälfte aller Europäer, möglicherweise auch mehr, dem Zitat zugestimmt hätten. Für unsere Gegenwart sei festgehalten: Der Text fände auch heute noch Zustimmung.

Fatal war weiterhin, dass damals Bürger*Innen mit ihren jüdischen Nachbar*Innen normalen Umgang pflegten, sich gegenseitig mit Mehl oder Milch aushalfen, gemeinsam über Behörden stöhnten, den Tod von Nachbarn betrauerten

- und trotzdem dem oben abgedruckten Zitat zustimmten.

- Darüber brauchte nicht nachzudenken. Diese Minderheit war ja auf jeden Fall anders {Sogar wenn sie so tat, als gehörte sie dazu.}, und das seit ewigen Zeiten.

Zu bemerken ist, dass nur wenige Antijudaisten ihren Meinungen aggressive Taten folgen ließen. Unbekümmert suchten auch sie gute jüdische Ärzte auf und kauften bei jüdischen Händlern. Sehr selten wurden Scheiben bei Juden eingeworfen und noch seltener ihre Wohnungen angezündet.

Während des alltäglichen Umgangs jedoch bekamen die „Juden" Anspielungen zu hören. Sie erfuhren feine [manchmal auch grobe] Formen der Ausgrenzung. Das war nicht böse gemeint. „Die Juden" waren nun einmal „die Juden", damit „anders" und gehörten nach „draußen".

Als er 1871 den obigen Text schrieb, wollte *Michael Bakunin* die Juden weder ausrotten noch in Ghettos stecken. Schließlich gab es auch jüdische Anarchisten. Und Michael Bakunin war einer der wichtigsten Theoretiker des Anarchismus.

Er wollte eine andere Art neuer Gesellschaftsform als Marx. Konsequent lehnte Bakunin jede Bevormundung durch Staaten, Institutionen oder Parteien ab. Keiner sollte über keinen herrschen. Aber Bakunin nutzte die Gelegenheit dieses Leserbriefes, um Karl Marx als "Juden" an den Rand des gesellschaftlichen Spielfelds zu stellen.

Schließlich flogen in der 1. Sozialistischen Internationale gerade die Fetzen. Wer hatte in der Bewegung das Sagen: Bakunin oder Marx? Beide bekämpften sich, wie Bakunins Text zeigt, mit allen Mitteln.

Der abgedruckte Leserbrief vermittelt Einblick in anti-jüdische Denkstrukturen. Und in die Weltsicht solcher, die es ablehnen, sich auch nur ansatzweise mit Marx zu befassen, weil sie ihn in ihr Bild von dem zwängen, wie die „Juden" nun einmal sind.

Der Atheist Karl Marx wurde ganz sicher durch die jüdische Vergangenheit seiner Eltern beeinflusst. Ungewollt und unbewusst übernahm er einige ihrer Denkansätze.

Jedoch zerbrach er komplett bisher gültige Gedanken-gebäude. Marx stellte sich radikal gegen den jüdischen und den christlichen Glauben. [Religion „ist das Opium des Volkes". Karl Marx, „Zur Kritik der Hegelschen Rechtsphilosophie", 1843/4]

Zu rassistischen Argumenten: Es gab nie eine jüdische „Rasse" oder Ethnie. In die „jüdischen" Gene mischten sich im Laufe von drei Jahrtausenden die Gene vieler anderer Völker. {Schließlich sind all jene automatisch Jude, deren Mutter Jüdin ist [unabhängig vom Vater]. }

1.3 Eltern und Geschwister, Edgar und Jenny

Wollte jemand 1860 Karl Marx in London aufsuchen, erhielt er möglicherweise an der Wohnungstür die Auskunft: "Mohr ist in der Küche!" - Mohr? Wer war das denn? *Mohr* war Karl Marx´ Spitzname, den die Familie und die Freunde ständig verwendeten. Seine Jugendfreundin und spätere Frau Jenny von Westphalen hatte ihn so genannt, damals in Trier, als sie sich kennenlernten.

Seine Eltern begegneten sich in Amsterdam. Henriette Presburg und Heinrich Marx stammten aus jüdischen Familien.

Die Kinder von Henriette und Heinrich Marx

	Geburt	Tod		
1 Mauritz	1815	1819		
2 Sophie	1816			1886
3 Karl	**1818**			**1883**
4 Hermann	1819		1842	
5 Henriette	1820		1845	
6 Louise	1821			1893
7 Emilie	1822			1888
8 Caroline	1824		1847	
9 Eduard	1826	1837		

Marx´ Schwester Sophie heiratete einen Rechtsanwalt, Emilie einen Wasserbauaufseher, Louise den in Südafrika tätigen Verleger Juta. Nach dem Tod des Vaters Heinrich 1838 übertrug die Mutter die Regelung des Vermögens männlichen Verwandten, zum Schluss ihrem Schwager Lion Philips in Zaltbommel.

Karl Marx´ Mutter Henriette, geb. Presburg (1788 - 1863), stammte aus einer niederländischen Kaufmannsfamilie. Sie ließ sich erst 1825 taufen, nach ihrem Mann und ihren Kindern.

Zeitlebens blieb sie den Niederlanden, der Heimat ihrer Kindheit und Jugend, verbunden. In hohem Alter spielte sie mit dem Gedanken, Trier zu verlassen und zu ihrer Schwester nach Zaltbommel zu ziehen.

Heinrich Marx, Sohn eines Rabbiners, nutzte die revolutionären Möglichkeiten des Code Napoléon. Als Jude studierte er Jura [Bis dahin durften Juden das nicht.] und war ab 1808 in Trier als Anwalt tätig. 1818 wurde er zum Trierer Berufungsgericht zugelassen, 1821 als Advokat-Anwalt, im Oktober 1831 erhielt er den Titel eines Justizrats.
Außerdem war er Mitglied der noblen Trierer *Kasinogesellschaft*. Um in Preußen weiter als Anwalt tätig sein zu können, ließ er sich spätestens 1819 taufen. [Das genaue Datum steht nicht fest, da es keine Taufurkunde gibt.] Heinrich Marx vertrat einen aufgeklärten christlichen Glauben. In einem Brief an seinen Sohn Karl schrieb er 1835: *"Doch ein großer Hebel für die Moral ist der reine Glaube an Gott. [...] denn was Newton, Locke und Leibnitz geglaubt, dem darf sich jeder [...] unterwerfen."*

Besucher des Karl-Marx-Hauses in Trier können sich davon überzeugen, dass die Familie Marx trotz wirtschaftlich schwerer Zeiten wohlhabend war. {Besonders in den 1820er Jahren steckte der Weinbau an der Mosel in einer Krise.}
Erfolge und respektables Einkommen schützten die Familie nicht vor Schicksalsschlägen. Fünf ihrer neun Kinder starben vorzeitig.

Die Familie litt unter zwei gesundheitlichen Handicaps: Erstens Tuberkulose, zweitens vererbte Heinrich Marx seinen Kindern eine Lungenschwäche. Karl Marx selbst hatte oft Infektionen im Brustbereich. Es wird mit seiner Willenskraft begründet, dass er selbst nicht früh starb [Seine Brüder starben im Alter von 4, 11 und 23 Jahren]. Seine Eltern mussten sich um seine Gesundheit und Konstitution sorgen; er wurde von der allgemeinen Wehrpflicht befreit.

Früh wurde erkannt, dass Karl Marx intelligent war. Von 1830 bis 1835 besuchte er das Trierer Gymnasium. Als Schüler gehörte er zum guten Mittelfeld der Klasse {Zeugnisrang 8 [mit anderen zusammen] bei 32 Abiturienten}. Die meisten seiner Mitschüler waren älter als Marx, fast die Hälfte wollte katholische Theologie studieren.
Hugo Wyttenbach, dem Direktor des Gymnasiums, einem Anhänger der Aufklärung, stellte die misstrauische preußische Administration einen konservativen Kodirektor an die Seite. {Die preußischen Behörden verboten 1815 sogar den Französisch-Unterricht. Erst ab 1828 gehörte die Sprache wieder zum normalen Lehrplan.}

Jenny von Westphalen (1814 - 1881)

Zu Karl Marx´ Klassenkameraden gehörte Edgar von Westphalen, ein Sohn des Barons Ludwig von Westphalen. Der wurde 1816 in Trier als preußischer Regierungsrat eingesetzt.

Die Westphalens waren erst nach 1763 in den Adelsstand erhoben worden und nicht sonderlich vermögend. Jenny von Westphalens Vater heiratete zweimal.

Jenny und ihre Geschwister

1798 heirateten Ludwig von Westphalen und Elisabeth von Veltheim. Sie starb 1807.
Die beiden hatten vier Kinder:

1 Ferdinand   geb. 1799
[Ober-Regierungsrat, preußischer Innenminister, konservativ]

2 Louise (Lisette) geb. 1800
[engagierte sich in der Erweckungsbewegung]

3 Carl   geb. 1803
[eher liberal]

4 Franziska   geb. 1807
[engagierte sich in der Erweckungsbewegung]

1812 heiratete der Vater Caroline Heubel. Sie hatten drei Kinder:

5. Jenny   geb. 1814

6. Laura   [1817   1821]

7. Edgar   geb. 1819
[Klassenkamerad von Karl Marx, Jurist, lebte einige Jahre in Amerika, starb verarmt]

Als Erwachsene gerieten die Kinder der Familie oft in Streit. Zu einem Höhepunkt kam es, als Ferdinand von

Westphalen 1859 ein Buch über die Familie veröffentlichte, in dem er die zweite Heirat seines Vaters [damit also Jenny und Edgar] überhaupt nicht erwähnte. Jenny erzürnte das besonders deshalb, weil ihre leibliche Mutter Caroline keinen Unterschied zwischen ihren eigenen Kindern und den Stiefkindern machte.

Warum verschwieg Ferdinand von Westphalens seine Stiefmutter und deren Kinder? Zwei Beweggründe werden angenommen. Erstens war seine Mutter adlig [im Gegensatz zu Jennys und Edgars Mutter]; zweitens dachte er entschieden konservativer als seine beiden Stiefgeschwister [und sein sozialistischer Schwager Karl Marx].

Marx wiederum sah Ferdinand von Westphalen ebenfalls kritisch. In Gegenwart eines Gastes soll er zu Jenny gesagt haben, dass ihr Bruder dumm sei und später einmal Minister werde. {Ferdinand wurde tatsächlich preußischer Innenminister - acht Jahre lang.}

Die junge Jenny von Westphalen galt als "Ballkönigin" und schönstes Mädchen von Trier. Als Tochter aus gutem Hause ging sie keiner Arbeit nach, las viele Bücher und diskutierte gerne. Widersprachen Dinge ihrem Gerechtigkeitssinn, konnte sie ihren Zorn darüber kaum bremsen.

Sie hatte ihren eigenen Willen, nahm soziales Elend wahr und stellte sich als Vertreterin des "Jungen Deutschland" auf die Seite der Radikalen. Die Familie versuchte, Zusammentreffen von Ferdinand und Jenny möglichst zu verhindern. Die endeten gewöhnlich in heftigen Auseinandersetzungen.

Jenny von Westphalen und Karl Marx kannten sich schon, als er noch Schüler war. 1836 verliebte sie sich in den "jüdischen Bürgersohn", der äußerlich durch seine wilde Haarmähne auffiel und über lebendigen Witz und hitziges Temperament verfügte.

Drei ihrer Kosenamen für ihn sind bekannt: "Mohr", "Schwarzwildchen" und "Böser Bube". Der Name "Mohr" bezog sich auf seinen dunklen und starken Haarwuchs und seinen bräunlichen Teint.

Als sie sich im August 1836 verlobten, war Jenny 22 Jahre alt und Karl 18. Während die Familie Marx sofort von der Verlobung wusste, wurden die von Westphalens offiziell erst im Mai 1837 darüber informiert.

Marx´ Eltern waren über die frühe Verbindung ihres Sohnes mit Jenny nicht begeistert. Eleanor Marx verfügte dazu über diese Informationen: "Es ist leicht zu verstehen, daß Karls Eltern sich der "Verlobung" eines Jungen dieses Alters widersetzten [...] der Eifer, mit dem er seinen Vater seiner Liebe trotz mancher Gegensätze versicherst, erklären sich durch die ziemlich heftigen Szenen, welche diese Angelegenheit hervorgerufen hatte. [...]

Aber bald wurde die Sache geordnet und [...] die "Verlobung" förmlich akzeptiert."

Es folgte eine ungewöhnlich lange Verlobungszeit. Jenny und Karl heirateten erst 1843. Beide blieben sich ein Leben lang treu, wobei ihre Beziehung auch in Krisen geriet.

Jenny und Karl ergänzten sich aber ausgezeichnet, bewältigten die Unzahl ihrer Probleme gemeinsam und vertraten gleiche politische Ansichten.

Für Jenny von Westphalen war die lange siebenjährige Verlobungszeit mit deutlich mehr Belastungen verbunden als für Karl Marx. Ihr Verlobter konnte sich aktiv als Student, Doktorand, Journalist und schließlich Redakteur betätigten.

Währenddessen musste Jenny in Trier immer wieder Fragen zu der aus dem Rahmen fallenden Verlobung beantworten.

Karl Marx wiederum hätte sich in Berlin einmal beinahe wegen seiner Verlobten duelliert. Denn ein Bekannter hatte sich abfällig über Jenny und ihre erste Verlobung [im Alter von 17 Jahren] mit einem Offizier geäußert.

1.4 Studienzeit

1839 sorgte sich Jenny von Westphalen um das Leben ihres Verlobten. Würde ihr Karl sich wirklich duellieren? Er könnte schwer verletzt oder gar erschossen werden. {Z.B. starb 1864 Ferdinand Lassalle, der Gründer des Allgemeinen Deutschen Arbeitervereins, an den Folgen eines Duells.}
Freunde verhinderten dieses Duell, das für Marx das zweite gewesen wäre. In Bonn hatte er sich einmal duelliert, was den Vater zu der schriftlichen Anfrage veranlasste: "Und ist denn das Duellieren so sehr mit der Philosophie verwebt?"

Zu einem weiteren nicht unerheblichen Reibungspunkt mit dem Vater wurden Marx´ Geldausgaben als Student. Er lebte auf zu großem Fuß und plante einmal sogar die Herausgabe einer Literaturzeitschrift.
Damit deutete sich ein Problem an, dass Karl Marx bis zu seinem Lebensende haben sollte: Weder Karl noch Jenny Marx konnten mit Geld umgehen.

Versuche als Literat

Als Karl Marx 1835 sein Studium an der Universität Bonn aufnahm, hörte er Vorlesungen über Jura, verfolgte aber parallel dazu den Plan, Schriftsteller zu werden. In Bonn trat Marx kurz nach Beginn seiner Studien dem *Poetenbund* bei.

Nach einem Jahr wechselte er 1836 zu Studium an die Berliner Universität. Dort verfasste er drei Gedichtbände für seine Verlobte Jenny von Westphalen [*zweimal ein "Buch der Liebe", einmal ein "Buch der Lieder"*] und einen Gedichtband für seinen Vater. Marx schrieb außerdem ein Trauerspiel und einen humoristischen Roman, zusätzlich sammelte er Stoff für Novellen.

Doch 1837 lehnte Adalbert von Chamisso die Veröffentlichung einiger Gedichte von Marx im *Deutschen Musen-almanach* ab.
Der deutliche Schuss vor den Bug kränkte Marx tief. Chamisso hatte ihm die Ablehnung auf einem Blatt zukommen lassen. Enttäuscht verschluckte Marx es.
Als nächstes spielte Marx mit dem Gedanken, Theaterkritiker zu werden. Sein Vater warnte, das Schreiben von Kritiken sei eine brotlose Kunst.

Die zerstörten Hoffnungen ließen Marx erkranken. Er kurte 1837 in Stralau, das damals noch außerhalb Berlins lag. Dort las er sich intensiv in das Werk des Philosophen Hegel ein. Für Marx wurden jene Stellen wichtig, in denen Hegel betonte, Philosophie könne die Wahrheit direkt, in klarer Sprache formulieren.
Demgegenüber spielten Künste [wie die Literatur] doch nur in Symbolen auf die Wahrheit an. Von der Kur nach Berlin zurückgekehrt, vernichtete Marx seine bisherigen literarischen Texte.

Studium in Berlin

So sehr er auch mit der Literatur liebäugelte, Marx setzte auch auf eine mögliche Zukunft als Jurist. Die Dozenten der Bonner Universität bescheinigten ihm 1836 im Abgangszeugnis Fleiß. Marx hatte parallel zu juristischen

Lehrveranstaltungen Vorlesungen über Kunst und Literatur [Mythologie der Griechen und Römer, Kunstgeschichte, Homer und Properz] belegt.

Negativ vermerkte die Universität im Zeugnis nächtliches Lärmen und [einmal] Trunkenheit, sowie eine Anzeige, weil er verbotene Waffen trug. Marx wurde aber nicht verdächtigt, zu verbotenen Studentenverbindungen zu gehören.
Studentenschaften waren zwar verboten, aber eine informelle Gruppe von Studenten aus dem Umfeld Triers unternahm gemeinsame Wanderungen und übte Fechten. An diesen Unternehmungen beteiligte sich Karl Marx. Der 17- und 18-Jährige kostete die Freiheiten des Studentenlebens voll aus. Kommilitonen schätzten den beliebten und fröhlichen Gesprächspartner.

Demgegenüber mussten sich seine Eltern und Geschwister darüber ärgern, dass sie wenig Post vom selbstbezogenen Studenten Karl Marx bekamen. Die erhaltenen Briefe vermitteln das Bild, dass die Familie und auch Jenny nicht im Focus seiner Aufmerksamkeit standen. Die Auseinandersetzungen an der Universität waren spannend und forderten zum Beziehen eigener Positionen heraus.

Der Jurastudent: Auf welchen Fundamenten ruht das Recht?

Die erst 1810 von Wilhelm von Humboldt gegründete Berliner Universität hatte einen hervorragenden Ruf. Karl Marx dort erlebte hautnah, wie in seinem Studienfach Jura

Auseinandersetzungen über die politische Zukunft Preußens tobten.

Er hörte Vorlesungen des konservativen Professors Friedrich Carl von Savigny. Dieser und seine *Historische Schule* vertraten den Standpunkt, Recht habe sich in Deutschland [und Preußen] aus der Mischung römischer und deutscher Rechtsvorstellungen entwickelt. Es gebe im Recht Traditionen und allmähliche Veränderungen {analog zu Kultur und Sprache der Völker}.

Rechte seien historisch gewachsen, nicht rational gesetzt. Sie waren, nach Savignys Verständnis von Völkern hervorgebracht ["*gefunden*"] worden. Dieser Ansatz kam den damaligen Landesherren zupass. Kein Gericht könnte nachfragen, ob sich ihr Eigentum an Grund und Boden rational begründen ließ. Das Land gehörte ihnen aufgrund traditionellen Rechts.

Es spricht für die Lebendigkeit der Berliner Universität, dass dort zur gleichen Zeit eine diametrale Position gelehrt wurde. Professor Eduard Gans erklärte, das Römische Gesetz sei durch Kaiser Justinian kodifiziert worden. Es habe sich im Laufe der Jahrhunderte grundsätzlich erhalten, egal, welche politischen Mächte bestimmten.

Auch in Deutschland habe sich das Recht rational entwickelt, dialektisch zwischen philosophischer Norm und historischer Wirklichkeit. Wer sich an Eduard Gans orientierte, konnte adligen Familien die unbequeme Frage stellen, ob sie alle ihre Territorien zurecht beherrschten.

Karl Marx hörte auch diese Vorlesungen.

Hegel -mal rechts, mal links

Ein weitere nicht nur akademische, sondern brisante politische Diskussion tobte um die Geschichtsphilosophie Hegels. Der vertrat in den 1820er Jahren die These, die aktuelle Freiheit habe sich nach dem Mittelalter über zwei Wege entwickelt.

Auf dem ersten befreite Martin Luther die Religion von starrer Autorität und ermöglichte reflexives Denken, das in Immanuel Kant einen hervorragenden Vertreter gefunden hätte.

Auf dem zweiten Weg drückte sich die geistige Freiheit in institutionellen Formen aus. Beide Wege verwirklichten sich jetzt gemeinsam in Preußen.

Doch nach 1815 bezog sich die preußische Elite auf konservative Poisitionen. In ihren Augen hatten Aufklärung und Rationalismus zum Terror der Französischen Revolution geführt.

Dagegen verstand sie Preußen als *christlichen Staat.* Es ist kein Zufall, dass Jennys Halbschwestern Louise und Franziska sich in der protestantischen Erweckungsbewegung stark machten. Sie befanden sich damit im Mainstream ihres Staates.

Eine konservative Deutung des preußischen Königtums formulierte der Rechtshegelianer Friedrich Julius Stahl. Er kritisierte, die Aufklärung habe versucht, Gott durch Vernunft zu erkennen. Doch ein derartiger Gott sei gebunden an Natur und Geist umfassende Prinzipien. Folglich könne er nicht als höchstes Wesen fungieren und sich selbst frei offenbaren.

Diesen Gedankengang übertrug er auf den König. Binde eine Verfassung den König ein, verliere der Staat seine Autorität, die durch die Souveränität des Monarchen verkörpert werde.

Diesem Verständnis boten die Junghegelianer die Stirn. Der *christliche Staat* Preußen konnte nicht der Endpunkt der historischen Entwicklung sein.

Wo blieb die Verfassung, die der König im Kampf gegen Napoleon versprochen hatte? Preußen orientierte sich rückwärts und schwärmte für das Mittelalter.

{Da befand sich beispielsweise in Köln ein Stückwerk von Dom. Ohne die massive Förderung des protestantischen preußischen Königs wäre dieses beispielhafte Werk gotischer Baukunst bis heute nicht fertiggestellt.}

Für die *Linkshegelianer* war das Preußen der 1830er/1840er Jahre kein Endpunkt, sondern nur Etappe eines historischen dialektischen Prozesses. Karl Marx teilte diese Überzeugung.

Die radikalen Mitglieder des Doktorclubs [Bruno und Wilhelm Bauer, Eduard Gans, Arnold Ruge, Karl Köppen ...und andere] verstanden Gott als eine Konstruktion menschlichen Geistes sowie sozialer und politischer Bedürfnisse. Die Welt werde besser, sobald sich die Menschen davon befreiten und eine Dekonstruktion des "Jenseits" leisteten.

Diese Ideen waren ein Generalangriff auf die von der preußischen Elite vertretenen Werte. Die Schar der Linkshegelianer war überschaubar, und sie befand sich im Gegensatz zu den Rechtshegelianern weit entfernt von den Hebeln der Macht. Dennoch darf ihre Bedeutung nicht unterschätzt werden.

Schließlich hegte das Bürgertum Wünsche nach deutscher Einigkeit, dem rechtlichen Schutz der Bürger durch Verfassungen und der Freiheit von Handel und Meinung. Auch Karl Marx setzte sich für die Abkehr von monarchistischen

Systemen ein und war dabei kein Einzelkämpfer, sondern Teil eines mehr oder weniger großen Netzwerks.

Um 1840 liefen politische Auseinandersetzungen liefen nicht in aller Öffentlichkeit ab. Zeitungen konnten Regierungen nicht offen kritisieren, denn die Pressezensur war streng. Dafür aber hatte Berlin ein blühendes Kulturleben. In den dortigen Kaffeehäusern und Bierhallen waren Diskussionen möglich. In diesen Strudel der Meinungen tauchte Karl Marx ein. Er war Gast im Café Stehely, einem Treffpunkt der Freigeister, das eine hervorragende Informationsquelle war.

Dort wurde über Philosophie, Theologie und Politik diskutiert, dort begann Marx seine Doktorarbeit zu schreiben. Er war progressiv, aber noch kein Kommunist. Die aktuelle soziale Frage des Pauperismus {zunehmende Armut, Entwurzelung, Arbeitslosigkeit} stand nicht im Mittelpunkt seines Denkens. Ihn nahmen die Auseinandersetzungen um Hegel und die Theologie gefangen.

Mit seiner Doktorarbeit bezog er zum Abschluss seines Studiums Position für die Bewegungspartei, für die liberale Philosophie. Seine Haltung begründete er unter Rückgriff auf bedeutende Philosophen seiner Zeit.

1.5 Marx und seine Lehrer

"Die Philosophen haben die Welt nur verschieden interpretiert, es kömmt darauf an, sie zu verändern."

Karl Marx, Thesen über Feuerbach, 1845

Karl Marx dachte die Welt neu. Aber nicht als erster und nicht als einziger. In diesem Kapitel werden drei Philosophen vorgestellt, die Karl Marx in seinem Denken beeinflussten. Wir können auf Werk und Wirken der drei nur insoweit eingehen, wie es im Zusammenhang mit Marx´ Denken steht. Skizziert wird auch kurz, wie in welchen Punkten er sich von ihnen distanzierte.

An dieser Stelle sei darauf hingewiesen, dass Marx nicht der Materialist war, als den ihn die führenden Köpfe unter seinen Anhängern, z.B. Plechanow, verstanden haben. Marx studierte in den 1830er Jahren. Der Idealismus war umstritten, aber er wurde nicht restlos über Bord geworfen; auch nicht von Karl Marx.

Georg Wilhelm Friedrich Hegel   (1770 - 1831)

"Bei Hegel stand die Dialektik auf dem Kopf,
ich habe sie wieder auf die Füße gestellt."

Karl Marx

Marx studierte erst ab 1837 in Berlin. Wenn Hegel hier zu Marx´ Lehrern gezählt wird, so deshalb, weil noch lange nach Hegels Tod im Jahre 1831 die Schlacht um die

Deutung seiner Aussagen mit größter Heftigkeit tobte.

Georg Wilhelm Friedrich Hegels unbestrittene Leistung: Er ist der "Systematiker" des *Idealismus*. Dieser setzt voraus: Verhalten von Menschen wird nicht durch materielle Interessen bestimmt.
Sittliche und kulturelle Aufgabenstellungen fordern den Menschen. Er bezieht sich selbst auf ein Ideal, ein Verhalten, das völlig einer Norm entspricht. Als transzendentales Ideal ist Gott höchster Gegenstand der Erkenntnis.

Hegels Weltphilosophie ist die Vollendung des deutschen Idealismus. Er dachte die Welt als ein Ganzes.
In unserer hochtechnologischen Epoche verdoppelt sich das Wissen der Menschheit in immer kürzeren Zeitabständen. Entsprechend werden Experten für alles und jedes benötigt: Experten für unser Leben, Experten für unser Sterben; Experten, die im Dschungel der Experten wissen, welche Experten wir wählen müssen in unserer vieldimensionalen Welt.
Hegel dagegen erlaubte sich vom Gipfel seiner Philosophie herab einen umfassenden Blick auf die Welt und stellte fest: *"Das Wahre ist das Ganze."*

In seinem Werk "Enzyklopädie der philosophischen Wissenschaften" umriss Hegel eine Gesamtschau der Welt durch die Philosophie. An deren Anfang steht die Logik und am Ende das absolute Wissen.

Erkenntnis durch Dialektik

Hegel entwickelte die Dialektik als dynamischen Prozess der Erkenntnis. Von Denkprozessen wird ein logischer Aufbau gefordert. Sie dürfen keine Widersprüche enthalten.

Nun steckt unsere Welt aber voller Widersprüche. Hegel machte sich daran, Widersprüche im dialektischen Denksystem sinnvoll zu verknüpfen. Denn Zusammenhänge begreifen wir nur, wenn wir uns auf Widersprüche einlassen und dabei neue Ideen entwickeln.

Die Dialektik stellt Widersprüche in einen systematischen Zusammenhang und zwar anhand der drei Schritte
1.These -2. Antithese - 3. Synthese.

Hegel selbst sprach von
1. Affirmation − 2. Negation - 3. Negation der Negation.

Eine erste These und ihre Antithese [=These Nr.2] werden in einem dritten, der Synthese, zu einer neuen Einsicht verknüpft.
Damit ist ein erstes Ziel erreicht. Zu dieser ersten Synthese findet sich irgendwann eine zweite Antithese. Somit muss aus diesen beiden eine weitere Synthese entwickelt werden. Der wiederum wird in späterer Zukunft eine dritte Antithese gegenübergestellt werden können.
Dieser Erkenntnisprozess findet sein Ende in der *Absoluten Idee.*

Ein Beispiel für Dialektik

These	das feudale Monopol
Antithese	die Konkurrenz
Synthese	das moderne Monopol

Das moderne Monopol ist
1. die Negation des feudalen Monopols,
          denn es gibt Konkurrenz
und 2. die Negation der Konkurrenz,
          denn es gibt Monopole.

Somit wurde das moderne Monopol, das bürgerliche Monopol, zur Negation der Negation. {= Gegensätze verknüpfen
sich zu einer Einheit.}

Entfremdung

Bereits für Hegel spielte "Entfremdung" eine wichtige
Rolle. Er erläuterte Entfremdung mit diesem Beispiel: Gibt
es Herren und Knechte, ist das Selbstbewusstsein beider
eingeschränkt. Befiehlt der Herr dem Knecht, für ihn einen
Tisch zu zimmern, erkennt der Knecht, dass die Ziele
seines Herren ihn einschränken.

Aber auch der Herr ist eingeschränkt. Denn der Knecht hat
kein ihm gleichwertiges Selbstbewusstsein. Damit fehlt
dem Herrn ein Gegenüber.

Jeder Einzelne bildet die Widersprüche der Herr-Knecht-
Beziehung in sich selbst nach. Auf diese Weise entfremden
sich die Personen von ihrem Bewusstsein. Sie behandeln
das Ideale, das auch zu ihnen gehört, als etwas außerhalb
ihrer Selbst Liegendes.

Marx erklärte später, dieses falsche Bewusstsein könnte
durch Veränderungen sozialer Systeme aufgelöst werden.

Hegel und Marx, Marx und Hegel

Hegels Schüler spalteten sich in drei Gruppen.
Erstens das Hegelsche Zentrum [Rosenkranz ...], das ganz nah an den Gedanken des Meisters blieb,
dann die Rechtshegelianer [Gabler, Göschel, Marheineke, Stahl...]. Sie sahen im protestantischen Preußen das Ziel der Geschichte.
Im Gegensatz dazu dachten die Linkshegelianer [Feuerbach, Strauß...] eine sich weiter verändernde Welt.

Seine eigene Philosophie entwickelte Marx, indem er sich an Hegel abarbeitete. Mit dem Idealisten Hegel stimmte Marx in vielen Punkten nicht überein. Aber er übernahm dessen Denkmethode, die *Dialektik* und griff den Begriff *Entfremdung auf.*
{Marxismus, wenn er sich auf Hegel bezieht, lässt die Dialektik gewöhnlich nur als Real-Dialektik gelten: Er beschreibt mittels der Dialektik die in der geschichtlich sozialen Welt auftretenden Gegensätze und ihre Aufhebung als natürlichen Entwicklungsprozess.}

Der frische gebackene Doktor der Philosophie Karl Marx artikulierte 1843 in seiner *"Kritik des Hegelschen Staatsrechts"* seinen Widerspruch zu Hegel. Der Idealist Hegel habe den Staat zum Geschöpf einer Idee erklärt.
Doch der moderne Staat entstand nach Marx ganz materiell, nachdem Handel und Grundbesitz eine unabhängige Existenz erlangt hatten.

Zusätzlich habe Hegel in seinem System die Verfassung zu einer besonderen Wirklichkeit neben dem wirklichen Volksleben ausgebildet.

Hegels sittliche Idee sei ausgerechnet die des Privateigentums. Dieses sei keine Stütze der Verfassung, es
mache im Gegenteil rationale Staaten unmöglich. In diesen
werde die Verfassung auf den wirklichen Menschen, das
wirkliche Volk zurückgeführt.

Bruno Bauer   (1809 - 1882)

Bruno Bauer gehörte zu den besten Studenten Hegels.
Nach dessen Tod beauftragten Hegels Nachlassverwalter
Bauer mit der Herausgabe von Hegels *"Vorlesungen über
die Philosophie der Religion."* Ab 1834 als Privatdozent an
der theologischen Fakultät in Berlin tätig, entwickelte sich
Bauer nach und nach zum Linkshegelianer und zu einem
radikalen Atheisten.
Von 1839 bis 1841 waren Bauer und Marx befreundet: Um
zwischen Marx und seiner Familie zu vermitteln, wollte
Bauer sogar einmal nach Trier kommen. Als "Betreuer" von
Marx´ Doktorarbeit riet er diesem dringend, keine Zitate
zu verwenden, die von Prüfern als Provokation verstanden
werden könnten.

Zentraler Begriff für Bauers Denken wurde das
Selbstbewusstsein, wobei er auf Überlegungen Hegels
zurückgriff. Bauers Verständnis dieses Begriffs unterschied
sich vom normalen Sprachgebrauch. Der denkende
Mensch erkenne sein eigenes Ich, indem er endlich be-
greift, dass ihm kein Gott gegenübersteht, sondern eigene
Projektionen.
Selbstbewusstsein bedeutete nach Bauer die Distanzierung
von jeder Art religiösen Glaubens. "Das realisierte
Selbstbewusstsein ist jenes Kunststück, dass das Ich
sich einerseits wie in einem Spiegel verdoppelt und

endlich nachher, wenn es sein Spiegelbild Jahrtausende lang für Gott gehalten hat, dahinterkommt, dass jenes Bild im Spiegel es selber sey. [...]

Die Religion hält jenes Spiegelbild für Gott, die Philosophie hebt die Illusion auf und zeigt dem Menschen, dass hinter dem Spiegel Niemand steht."

Bauers Abwendung vom Christentum begann mit den Auseinandersetzungen um David Friedrich Strauß´ 1835 veröffentlichtes Buch *"Das Leben Jesu."* Dieses Buch wandte sich gegen naives Lesen und Verstehen des Neuen Testaments als eines Tatsachenberichts.

Vieles im Neuen Testament beziehe sich auf messianische Erwartungen, sei mythisch und auf seine eigentliche Aussage zu befragen. Das Christentum gründe sich substanziell auf Mythologie und Tradition, sowie auf jüdische Erwartungen der Apokalypse.

Von Theologen wurde Bauer um eine Antwort auf Strauß´ Thesen gebeten. Zuerst unterschied Bauer die Aussagen des Alten und des Neuen Testaments bezogen auf das Selbstbewusstsein. Im Alten Testament gehe es um rechtliche Unterordnung unter den Willen eines anderen. An die Stelle der Unterordnung trat im Neuen Testament die Identität des Menschlichen und des Göttlichen.

1840 erklärte Bruno Bauer schließlich, seine Kritik am Alten Testament gelte auch für das Neue Testament. Die Evangelien seien keine Tatsachendarstellung. Sie widersprächen der Natur und der Geschichte und seien lediglich Produkte religiösen Bewusstseins.

Bauer ging so weit, zu behaupten, dass es keinen historischen Jesus gegeben habe.

Seine radikalen Ansichten veröffentlichte Bauer [unter einem Pseudonym] in einem Werk mit dem bewusst irreführenden Titel *"Die Posaune des jüngsten Gerichts über Hegel den Atheisten und Antichristen."* Darin wollte Bauer seinen Lesern die vom vorgeblichen Schreiber angegriffenen Erkenntnisse vermitteln.

Ein Zensurgesetz [24.12.1841] stoppte die weitere Verbreitung des Buches. Die preußische Regierung entließ verärgert Bauer aus dem akademischen Dienst.

Das betraf in der Folge auch Karl Marx. Der hatte gehofft, in Bauers Nähe einen Auftrag als akademischer Lehrer zu erhalten.

Wenige Jahre später distanzierten sich Marx und Bauer. Bauer akzeptierte nicht, dass Marx Feuerbachs Verfahren der Religionskritik auch auf die Politik übertrug. Er kritisierte nur den "christlichen Staat", nicht aber den Staat als solchen.

Ludwig Feuerbach   (1810 - 1885)

1841 schrieb Feuerbach in *"Das Wesen des Christentums"* Religion sei eine entfremdete Form menschlichen Gefühls. Sein Argumentationsschema ist als *Projektionshypothese* bekannt. Gefühle des Menschen nehmen in einem "äußeren Wesen" Gestalt an. So projizierte der Mensch sein eigenes Wesen als Gattung auf ein fiktives Wesen, nämlich Gott. Fortan schien es so, dass Gott den Menschen geschaffen habe und nicht umgekehrt.

Feuerbach hatte schon 1828 als Student Hegels behauptet, die christliche Vorstellung von der Unsterblichkeit der Seele entstand als Ersatz für die antike Idee des Bürgers.

Nach Feuerbach hatte das Christentum die Entstehung

einer gemeinschaftlichen Gesittung verhindert, indem es den Individualismus beförderte. Es habe die Einheit des *Ich und Du* ersetzt durch die Einheit mit dem äußeren Wesen Christus.

Eigentlich wurde der Mensch seiner Menschlichkeit durch das Handeln anderer Menschen bewusst. Doch das Du der ursprünglichen Gattungseinheit war durch Jesus Christus usurpiert worden.

In Wahrheit sei der Mensch ein Naturwesen: anfangs ein sinnliches Wesen, später von Vernunft und Freiheit bestimmt. Denken entstand durch wirkliches Sein und Leid. Als Naturwesen brauche der Mensch Mittel außerhalb seiner selbst, so die elementare Gattungsbeziehung der Liebe. Die Einheit von *Ich und Du* sei der Ausgangspunkt des Menschen und nicht das *Selbst*.

Hegel hatte erklärt, das wahre Sein des Menschen lasse sich nur im Staat verwirklichen. Feuerbach dagegen sprach dem Menschen nur die Existenz als Naturwesen zu. Die Interdependenz bürgerlicher Gesellschaft beruhe auch auf gemeinschaftlicher Natur. Deshalb könne eine Gesellschaft entstehen, die im Einklang mit dem Gattungswesen Mensch steht.

Der Protestantismus habe die spirituelle Gemeinschaft der mittelalterlichen Religion aufgelöst und eine materielle Welt befördert, die aller Heiligkeit beraubt sei. Ausgerechnet die Hegelsche Philosophie habe den Menschen von sich selbst entfremdet. An Hegel kritisierte Feuerbach, dass er mit dem *absoluten Geist* in der Geschichte die christliche Theologie nur erweitert habe.

KARL MARX

Berlin: Marx-Engels-Forum

Bronzeplastik, Ludwig Engelhardt, 1986

Foto: H. Paler

Das Christentum habe den Menschen von seinen Gefühlen entfernt, Hegel habe den Menschen von seinem Denken entfernt. Denn Abstraktionen besitzen nach Feuerbach keine objektive Existenz außerhalb der Menschheit. Abstraktion sei Ausdruck der rationalen Fähigkeiten des Menschen.

Der Idealismus irre, wenn er Ideen nur aus dem *Ich* ableite, ohne das sinnlich gegebene *Du* zu berücksichtigen. Denn "zwei Menschen gehören zur Erzeugung des Menschen - des geistigen so gut wie des physischen."

Marx erweiterte Feuerbachs Ansatz von der Religion auf die Politik. Feuerbach hatte erklärt, durch die Rückübersetzung von Abstraktionen in natürliche und historische Phänomene sei es möglich, zur unverhüllten Wahrheit zu gelangen. Marx folgerte daraus, nicht die Verfassung schaffe das Volk, sondern das Volk die Verfassung.

1844 schrieb er in einem Brief an Feuerbach: "(...) Die Einheit d. Menschen mit d. Menschen, die auf dem realen Unterschied der Menschen begründet ist, der Begriff der Menschengattung aus dem Himmel der Abstraktion auf die wirkliche Erde herabgezogen, was ist er anders als der Begriff der *Gesellschaft?* "

1.6 Atome und Selbstbewusstsein:

Marx´ Doktorarbeit

1841 versuchte Karl Marx in seiner Doktorarbeit Aufklärung und preußischen Staat zu verbinden. Damit
unterstützte er den Standpunkt der Bewegungspartei.
Marx befasste sich mit dem Philosophen Epikur. 1740, vor
hundert Jahren, wurde Friedrich II. preußischer König.
Sein Lieblingsphilosoph war Epikur. Dessen Lehre lehnten
besonders die Romantiker (und Konservative) ab, weil sich
die französischen Materialisten auf ihn bezogen.
Diese verstanden Menschen als Maschinen, setzten sie mit
Uhrwerken gleich, nahmen ihnen Seele und Willen. Alle
Aktionen der Menschen liefen determiniert ab.

Mit seiner Doktorarbeit ergriff Karl Marx ergriff Partei für
die Junghegelianer und Epikur. Er argumentierte, Epikurs
Philosophie sei bisher missverstandenen worden. Sie sei
wichtig für Preußen, vorbereitend für die Aufklärung und
prinzipiell auch für den preußischen "Staatsphilosophen"
Hegel.
Mit dieser Argumentation versuche Marx Einfluss auf die
politische Entwicklung Preußens zu nehmen. Denn 1840
starb Friedrich Wilhelm III. Mit dem Amtsantritt seines
Nachfolgers Friedrich Wilhelm IV. gab es Hoffnungen auf
Veränderungen [die sich später nicht erfüllten].

Der neue König hatte vom Vater einen innenpolitischen
Konflikt geerbt. 1837 begann der *Kirchenstreit*. Der Bischof
von Köln ließ Protestanten nur noch dann Katholikinnen

heiraten, wenn sie einwilligten, dass ihre Kinder auf jeden Fall katholisch erzogen würden. Das war nicht nur ein Angriff auf den Religionsfrieden, sondern auf die Autorität des Königs, der sich in Preußen auch in kirchlichen Belangen als oberste Autorität verstand. Der König ließ den Bischof verhaften, was in katholischen Kreisen die Gemüter aufs Äußerste erhitzte.

In dieser Situation sprangen die sonst nicht auf der Linie des Königs liegenden Junghegelianer dem König bei und argumentierten: Preußen sei ein Staat der Aufklärung, das Verhalten des katholischen Klerus könne nicht geduldet werden.
Dieser Argumentationslinie folgte auch Karl Marx´ Doktorarbeit. Er untersuchte darin, wie Epikur die Atome verstand und stellte Unterschiede in der Deutung der Atome zwischen Heraklit und Epikur fest.
Heraklit habe tatsächlich jenen Determinismus im Verhalten der Atome vertreten, der Epikur vorgeworfen werde. Aber Epikur habe betont, dass Atome sich nicht immer gleich verhalten. Sie können sich abstoßen oder anziehen, haben damit Gelegenheit zu eigener Reaktion.

Damit aber, dass die Atome "eigene" Handlungsmöglichkeiten haben, ist ein rein mechanistisches Gestalten von Lebewesen durch die Natur nicht möglich. Somit können sich "Materialisten" nicht mehr auf Epikur berufen.
Im Gegenteil: Ist in den Variationsmöglichkeiten der Atome nicht schon menschliches Selbstbewusstsein angelegt? Diesem Gedanken aber folgte die Aufklärung, somit letztlich auch Hegel und der preußisch[-protestantische] Staat.

Marx stimmte in seiner Arbeit nicht allen Standpunkten Epikurs zu. Dessen Auffassung vom Selbstbewusstsein sei eine abstrakte gewesen, keine auf die Realität bezogene, wodurch wiederum abergläubische Mystik Raum fassen konnte. Erst ein durch Selbstbewusstsein in sich selbst frei gewordener theoretischer Geist gelange zu praktischer Energie.

Marx reichte die Doktorarbeit am 6. April 1841 in Jena ein, weil er dort eher mit Anerkennung rechnen konnte. Bereits am 15. April wurde ihm der Doktortitel zugesprochen. {Das Verfahren lief so rasch ab, weil Marx von Professor Oskar Wolff instruiert worden war, welche Dokumente der Arbeit beigefügt werden mussten.}

Keine Chance auf eine Universitätslaufbahn

Anschließend erweiterte Karl Marx seine Doktorarbeit mit dem Ziel, sich an der Universität Bonn zu habilitieren. Doch aus der erhofften akademischen Karriere an einer Universität wurde nichts. Selbst sein Freund Bruno Bauer durfte ab März 1842 nicht mehr an der Universität Bonn forschen und lehren.
Bauer ging nach Berlin zurück. Damit endeten die gemeinsamen Pläne. Bauer und Marx hatten in der zweiten Hälfte des Jahres 1841 das Projekt eines zweiten Teils der "Posaune". geplant. Marx´ Anteil sollte ein Beitrag "Abhandlung über christliche Kunst" werden.

Nicht nur Bruno Bauer, auch Ludwig Feuerbach und David Friedrich Strauß verloren ihre Posten an Universitäten. Damit war für Marx klar, dass er seine Hoffnungen auf eine Berufung als Universitätsdozent begraben musste.

Um eine solide finanzielle Basis zu bekommen, bat Karl Marx seine Mutter um die Auszahlung seines Erbteils. Doch die verweigerte ihm vorerst seinen Anteil am Erbe. Sie kannte ihren Sohn und fürchtete zurecht, dass ihm das Geld unter den Händen zerfließen würde.

Tatsächlich bekam Marx den Rest seines Erbteils erst 1864 nach dem Tod der Mutter ausgezahlt. Der ständige Streit um finanzielle Zuwendungen ließ eine Kluft zwischen Marx und seiner Mutter entstehen. Je nach Stimmungslage lobte Marx den Esprit seiner Mutter, oder er wünschte ihr den Tod.

1.7 Die *Rheinische Zeitung:*

Marx als Journalist und Redakteur

"Ebensoviel, wie der Zensor, erlaubte ich mir selbst zu anullieren..."

Karl Marx über seine Rolle als Chefredakteur 1842/43

Eigentlich war die *Rheinische Zeitung* ein Wunschkind der preußischen Regierung. Die verlor bald alle Freude an ihr und verbot sie. Die *Rheinische Zeitung* erschien nur 15 Monate lang und benötigte in dieser kurzen Zeit drei Chefredakteure. Der erfolgreichste war Karl Marx.

Die kurze Geschichte der *Rheinischen Zeitung* begann 1840. Die preußische Regierung fürchtete mögliche Konflikte mit der katholischen Bevölkerung des Rheinlands. Der Einfluss des Ultramontanismus wuchs, und im Streit nach der Verhaftung des Kölner Erzbischofs 1838 kamen häufiger antipreußische Töne auf. Die öffentliche Meinung wurde hauptsächlich von der katholischen *Kölnischen Zeitung* geprägt, die über 8.000 Abonnenten hatte. Die preußische Obrigkeit wollte den Einfluss dieses Blattes eindämmen.

1841 missglückte der Versuch, eine *Rheinische Allgemeine Zeitung* herauszugeben. Doch noch im gleichen Jahr wagten sich vermögende Bürger an das Projekt einer weiteren neuen Zeitung. Der Kreis dieser Herausgeber war an wirtschaftlichen Reformen und industrieller Entwicklung interessiert.
Anteile an der geplanten *Rheinischen Zeitung* verkauften sich gut. Die Regierung ließ die Zeitung zu, weil die

Herausgeber protestantisch und pro-preußisch waren.

Zur Verärgerung der Behörden übernahmen dann Persönlichkeiten wie Georg Jung und Dagobert Oppenheimer die Geschäftsleitung. Beide waren zwar mit Bankhäusern verbunden, fühlten sich aber zum Radikalismus der Junghegelianer hingezogen. Zum Kreis der Herausgeber gehörte ebenfalls der erste sozialistische Publizist in Deutschland, Moses Heß.

Zuerst war Friedrich List als Chefredakteur vorgesehen. Der machte sich für den deutschen Zollverein stark, ihm ging es um Stärkung des Handels und der Wirtschaft. Doch List erkrankte und die Herausgeber einigten sich auf Adolf Rutenberg als Chefredakteur, einen Junghegelianer [und Schwager Bruno Bauers]. Für dessen Wahl hatte sich besonders Moses Heß stark gemacht.

Die deutliche radikale Ausrichtung der *Rheinischen Zeitung* sorgte beim König in Berlin für Unmut. Er wollte das Blatt umgehend verbieten lassen, aber wichtige Funktionsträger rieten ab. Selbst wenn die Zeitung radikale Töne anschlüge, wäre deren Wirkung im eher konservativen und katholischen Rheinland minimal. Außerdem erfolge ja eine Zensur der Zeitungen.

Seit dem ersten Andrucken der *Rheinischen Zeitung* erfolgten in Regierungskreisen heftige Diskussionen über ein mögliches Verbot. Die Lage verschob sich zu Ungunsten des Blatts, als es im November 1842 einen Entwurf zum neuen Scheidungsrecht veröffentlichte.

Allgemein waren gegen Jahresende 1842 die deutschen Zensurbehörden sehr streng. So wurde in Sachsen die *Leipziger Allgemeine Zeitung* verboten und Rutenberg musste als Chefredakteur der *Rheinischen Zeitung* seinen Posten räumen. Seine Aufgabe übernahm Karl Marx, der mit bemerkenswertem Geschick agierte. Doch am 23. Januar 1843 befahl die preußische Regierung die Schließung des Blattes zum 1. April.

Hinter den Kulissen setzten sich zwar hochstehende Provinzbeamte für den weiteren Fortbestand der Zeitung ein. Aber Berlin blieb hart, auch weil der Zar über einen Artikel verärgert war, der das preußisch-russische Bündnis kritisiert hatte. Außerdem verbesserten sich die Beziehungen zwischen den Behörden der Rheinprovinz und der *Kölnischen Zeitung.* Damit entfiel die Rolle der *Rheinischen Zeitung* als wichtiges Gegengewicht.

Vor diesem komplexen Hintergrund ist Marx´ Mitarbeit bei der *Rheinischen Zeitung* zu betrachten. Er wurde Journalist, weil er als Junghegelianer keine Stellung als Dozent an einer Universität erhalten würde. Der Journalismus wurde fortan Grundlage seiner Existenz.
Karl Marx musste sich nicht mühsam bei der *Rheinischen Zeitung* bewerben. Schon im Juli 1841 hatte er sich mit der Geschäftsleitung des noch nicht existierenden Blattes getroffen und einen so ausgezeichneten Eindruck hinterlassen, dass er um Mitarbeit gebeten wurde.

Der Kölner Geschäftsmann Mevissen schildert Marx als "starken Mann von 24 Jahren, dem dickes, schwarzes Haar aus Wangen, Nasen, Nase und Ohren quoll. Er war dominierend, ungestüm, leidenschaftlich und voll grenzenloser Selbstsicherheit..."

1841 schrieb Moses Heß fasziniert über Dr. Karl Marx: "(...) Du kannst dich darauf gefasst machen, den größten, vielleicht den *einzigen* jetzt lebenden *eigentlichen*

Philosophen kennenzulernen, der nächstens, wo er öffentlich auftreten wird (in den Schriften sowohl als
auch auf dem Katheder) die Augen Deutschlands auf
sich ziehen wird. (...)
einen solchen Mann habe ich mir immer als Lehrer in
der Philosophie gewünscht. [...] Dr. Marx, so heißt mein
Abgott, ist noch ein ganz junger Mann (etwa 24 Jahre
höchstens alt), der der mittelalterlichen Religion und
Politik den letzten Stoß versetzen wird; er verbindet
mit dem tiefsten philosophischen Ernst den schnei-
dendsten Witz.(...)"

Marx´ erster journalistischer Text entstand, als Ende 1841
ein neues Zensurgesetz weitere Verkäufe von Bauers Werk
*"Die Posaune des jüngsten Gerichts über Hegel den
Atheisten und Antichristen"* verhinderte. {Der Verleger
veröffentlichte Marx´ Artikel nicht in Deutschland, weil er
dort die Zensur fürchtete. Er ließ den Text in der Schweiz
drucken.}
Marx erläuterte in seinen *"Bemerkungen über die neueste
preußische Zensurinstruktion"* historische Zusammenhänge. Die Zensur hätte ihre Richtung verschoben. Noch
1819 wurden keine Texte geduldet, die religiöse Glaubens-
sätze in die Politik einbringen wollten.
Das neue Zensurgesetz dagegen gehe davon aus, dass die
Verknüpfung von christlich-religiösen und politischen
Prinzipien offizielles Leitbild sei.

Zu Beginn des 19. Jahrhunderts arbeiteten Journalisten
anders als heute. Die Länge der damaligen Zeitungstexte
würde heutige Leser auf eine harte Probe stellen. So

füllten Marx´ Berichte [oft mit ermüdenden Fakten gefüllt] über die Verhandlungen des Landtages mehrere Seiten. Die Artikel befassten sich immer wieder mit der Bedeutung des Presserechts.

Das gilt auch für den oft erwähnten Artikel über die Lage der Weinbauern in der Moselregion. Im Gegensatz zu Friedrich Engels´ Behauptung standen keine ökonomischen Fakten im Mittelpunkt des Berichts. Marx informierte darüber, wie sich Zensur negativ auf das Handeln der Regierung auswirkte.
Denn die Zeitungen im Bereich der Mosel durften nicht über die wirkliche Not der Winzer berichten. Folglich kannte die Regierung nicht das Ausmaß des tatsächlichen Elends. Marx ging es also mehr um Pressefreiheit als um soziale Probleme. Zu dieser Zeit war er Junghegelianer, aber noch kein Sozialist.

Im November 1842 wurde Karl Marx Chefredakteur und blieb es bis zum 16. März 1843. Als Chefredakteur agierte er sehr geschickt.
Nach außen, gegenüber den Aufsichtsbehörden erklärte er, die *Rheinische Zeitung* unterstütze doch die preußische Führungsrolle in Deutschland, sei für den Zollverein und für einen deutschen und keinen französischen Liberalismus. Außerdem werde sich die Zeitung unter seiner Leitung im Ton mäßigen und weniger religiöse Themen behandeln.

Nach innen hin nutzte er seine Macht als Chefredakteur. Viele Journalisten, besonders die aus Berlin, hatten selbst in Texte, die weit entfernt von religiösen Themen lagen, atheistische Polemik einfließen lassen.

Marx strich diese Artikel zusammen. Schließlich schätzte das katholische Rheinland Kritik an Preußen, aber keine an der Religion.

Über seine Tätigkeit berichtete Marx 1842 Ruge: 'Ebensoviel, wie der Zensor, erlaubte ich mir selbst zu anullieren, indem Mayen und Konsorten weltumwälzungsschwangere und gedankenleere Sudeleien in saloppem Stil (...) haufenweise uns zusandten, bei Rutenbergs gänzlichem Mangel an Kritik, Selbstständigkeit und Fähigkeit, sich gewöhnt hatten, die "Rheinische Zeitung" als ihr willenloses Organ zu betrachten, ich aber nicht weiter dies Wasserabschlagen in alter Weise gestatten zu dürfen glaubte.

Dies Wegfallen einiger unschätzbaren Produktionen der "Freiheit", einer Freiheit, die vorzugsweise bestrebt ist, "von allen Gedanken frei zu sein" war also der erste Grund einer Verfinsterung des Berliner Himmels."

Schon kurz, nachdem Marx´ die Aufgaben des Chefredakteurs übernommen hatte, vervierfachte sich die Zahl der Abonnenten. Die Auflage der *Rheinischen Zeitung* steigerte sich von 885 im November 1842 auf 3.400 Ende Januar 1843. {Das Interesse, die *Rheinische Zeitung* zu lesen wuchs auch, weil sie am 1. April 1843 eingestellt werden musste.}

Der Chefredakteur Marx bat die für das Blatt arbeitenden Journalisten, ihre Artikel sollten konkrete Probleme behandeln und weniger theoretische Fragen. Die politische Position des Blattes sollte aus der Darstellung des Lokalen und Konkreten entwickelt werden.

Marx´ eigene Artikel waren keine simple Aufzählung von Fakten. Er ordnete die Tatsachen so an, dass seine kritischen Zuspitzungen Wirkung zeigten.

Folglich war im März 1843 ein wichtiges Argument dafür, die *Rheinische Zeitung* nicht zu verbieten, tatsächlich dieses: Sobald Marx die Redaktion der Zeitung verlassen habe, hätte sie zwar noch Journalisten, die so dächten wie er.

Aber die seien im Gegensatz zu Marx nicht in der Lage, in Artikel über aktuelle Geschehen ihre kritischen philosophischen Überzeugungen einfließen zu lassen. Das könne nur Marx.

Wissend, dass die Zeitung schließen und er Mitte März vorzeitig seinen Posten verlassen musste, schrieb Marx an Ruge: *"Ich bin der Heuchelei, der Dummheit, der rohen Autorität und unseres Schmiegens, Biegens, Rückendrehens und Wortklauberei müde gewesen. Also die Regierung hat mich wieder in Freiheit gesetzt."*

Ein Beobachter trauerte dem Chefredakteur Marx nach: "Nachdem Dr. Marx [...] abgegangen ist, gibt es hier in Köln in der Tat keine Persönlichkeit mehr, welche die Zeitung in ihrer früheren [...] Dignität zu erhalten und ihre Richtung mit Energie zu vertreten vermöchte."

{Übrigens begegneten sich im Oktober 1842 Marx und Engels in den Redaktionsräumen der *Rheinischen Zeitung* zum ersten Mal in ihrem Leben. Dieses Treffen war kurz, die beiden hatten sich noch nichts zu sagen.}

1.8 Neue Perspektiven außerhalb Deutschlands

Ich *"kann Ihnen ohne alle Romantik versichern, daß ich von Kopf bis zu Fuß und zwar allen Ernstes liebe."*

Karl Marx 1843 in einem Brief an Arnold Ruge

Marx verließ die *Rheinische Zeitung* am 16. März und heiratete nach siebenjähriger Verlobungszeit am 19. Juni 1843 Jenny von Westphalen. Beruflich verfolgte Marx mehrere Zukunftspläne.

Zunächst die Herausgabe des *Deutschen Boten,* gemeinsam mit Herwegh in Zürich. Das Vorhaben wurde von Behörden verboten und Herwegh sogar ausgewiesen.

Eine weitere Idee war die Veröffentlichung der *Deutschen Jahrbücher,* in diesem Fall gemeinsam mit Arnold Ruge. Gegen dieses Projekt intervenierte Preußen. Schließlich einigten sich Ruge [als Hauptgeldgeber] und Marx auf ein drittes Vorhaben: die Veröffentlichung von *Deutsch-Französischen Jahrbüchern.* Französische und deutsche Autoren sollten gemeinsam Beiträge publizieren.

Zuerst war geplant, die Texte in Straßburg zu redigieren. Danach fassten Ruge und Marx Brüssel ins Auge, schließlich einigten sie sich auf Paris. Dort lebten immerhin etwa 50.000 Deutsche [und damit mögliche Leser*innen].

Ende Oktober 1843 zog mit seiner Frau Jenny nach Paris. Bei der Vorbereitung der Deutsch-Französischen Jahrbücher konnten Ruge und Heß mit vielen wichtigen französischen Philosophen Kontakt aufnehmen.

Doch während der Gespräche zeigte sich, dass kein französischer Autor zur Mitarbeit an dem Jahrbuch bereit war. Sie teilten den *deutschen Atheismus* nicht. Während der Französischen Revolution hatten die Jakobiner mit ihrem Kult der Vernunft die spirituelle Macht des Christentums nicht brechen können.

Vor dem Hintergrund dieser Erfahrung rückten wichtige Vordenker den französischen Sozialismus in die Nähe des Christentums und Louis Blanc erklärte sogar, König Louis Philippe verachte das Christentum, während die französische Linke es verteidige.

Marx, für den Religion nicht mit Emanzipation vereinbar war, lehnte schroff jede Diskussion über dieses Thema ab, was mögliche französische Gesprächspartner als Affront verstanden.

Sie erlebten keinen freundlichen Karl Marx, sondern einen unangenehmen, zynischen und mit roher Anmaßung argumentierenden.

Für die *Deutsch-Französischen Jahrbücher* fanden sich nur deutsche Autoren [die alle ihre Heimatländer verlassen hatten], unter ihnen Heinrich Heine und Friedrich Engels.

2   1844 - 1867

Daten

Karl Marx   Wichtige Ereignisse

1843   Okt. bis Jan. 1845   in Paris
1844   *Deutsch Französische Jahrbücher* [mit Arnold
        Ruge] in Paris [nur eine Ausgabe erscheint]
        Geburt der Tochter Jenny
        Beginn der Freundschaft mit Friedrich Engels
        [Aug./Sept.]

1845   Februar: Umzug nach Brüssel
        "Die heilige Dreifaltigkeit" [gegen Bruno Bauer]
        April: Das Hausmädchen Helene Demuth tritt
        in den Dienst der Familie Marx
        Studienfahrt mit Engels nach England
                 [Manchester, kurz London]
        Dez: Marx verzichtet auf seine preußische
        Staatsbürgerschaft und wird bis zu seinem
        Lebensende ein Staatenloser bleiben.

1846   *Deutsche Ideologie*   [gegen Max Stirner]
        Geburt der Tochter Laura

1847   Arbeiterverein in Brüssel, Kongresse in London
        [anfangs vertreten durch Engels]
        Geburt des Sohnes Edgar

Daten

Karl Marx   Wichtige Ereignisse

1848   Kommunistisches Manifest [erscheint im Februar]
         Frankreich: Februarrevolution,
         Revolutionen in Westeuropa

    Nach kurzem Aufenthalt in Paris
    Redakteur (*Neuen Rheinischen Zeitung,* Köln)

1849   **Niederschlagung der Revolutionen**
Preußen verweigert Marx die Wiedereinbürgerung

    Nach Schließung der *Neuen Rheinischen Zeitung*
         Beteiligung an der Revolution in Süddeutschland
         Rückzug nach Paris
1850   erzwungener Umzug nach London
         Arbeit am *Kapital, Band 1*
1851   Artikel für die *New York Daily Tribune* [bis 1862]
         Geburt der Tochter Franziska [und von
         Frederick Demuth]
1852   Tod der Tochter Franziska
1855   Geburt Tochter Eleanor [Tussy], Tod des Sohnes
         Edgar

1861 - 1865   **USA: Sezessionskrieg**
1861   Besuch bei Ferdinand Lassalle in Berlin -
         Preußen verweigert Marx die Wiedereinbürgerung
1863   Mitglied im Führungskader der Internationalen
         Arbeiterassoziation   [IAA, 1. Internationale]

1864   **Tod Ferdinand Lassalles**
         [Gründer Gewerkschaft ADAV]
1867   Veröffentlichung des 1. Bandes von *"Das Kapital"*
         [Der Produktionsprozess des Kapitals]

2.1 Deutsch-Französische Jahrbücher

- Der erste Jahrgang war der letzte

Über den Jahreswechsel 1843/44 hinweg arbeiteten Marx und Arnold Ruge an den *"Deutsch-Französischen Jahrbüchern"*. Ihre Zusammenarbeit wurde überschattet vom Scheitern der Idee einer Wohngemeinschaft der Ehepaare Herwegh, Marx und Ruge gleich neben dem Redaktionsbüro. Herweghs lehnten von vornherein ab, die beiden anderen Familien trennten sich nach zwei Wochen.

Marx schrieb für die Jahrbücher zwei Texte, die *"Kritik der Hegelschen Rechtsphilosophie"* und *"Zur Judenfrage"*. Beim Verfassen des zweiten Textes griff er unreflektiert auf antijüdische Redewendungen zurück.

Konkurs der *"Jahrbücher"*   März 1844

Schon vor Erscheinen der *"Jahrbücher"* intervenierten preußische Regierungsstellen bei französischen Behörden. Gegen Ruge, Marx, Heine und andere wurden Haftbefehle ausgestellt: für den Fall, dass sie preußischen Boden betreten sollten. Der Schweizer Verleger Julius Fröbel war über Radikalität der *"Jahrbücher"* entsetzt, Ruge nicht bereit, weiteres Geld zu investieren.
1000 Exemplare wurden gedruckt, jedoch wenige verkauft. 330 *"Jahrbücher"* wurden beschlagnahmt beim Versuch, sie in deutsche Länder zu bringen. Marx wurde mit nicht verkauften Exemplaren bezahlt. Die *"Deutsch-Französischen Jahrbücher"* endeten mit ihrer ersten Doppelnummer. Marx und Ruge gingen anschließend auf Distanz.

Nach dem Desaster der *"Jahrbücher"* retteten reiche Gönner Marx aus der finanziellen Klemme. Anteilseigner der früheren *Rheinischen Zeitung* hatten 1000 Taler für ihn gesammelt. Er sollte seine literarische Tätigkeit fortsetzen können.

2.2   Journalist und Autor

Am bittersten klagte Engels über Marx. "Er ist kein Journalist", sagte er, "und wird nie einer werden."

Arnold Ruge

Zu Marx´ literarischem Nachlass gehören neben Büchern und Briefen auch Zeitungsartikel. Von 1844 bis 1867 belieferte er mit seinen journalistischen Arbeiten besonders den *Vorwärts,* die *Neue Rheinische Zeitung* und die *New York Daily Tribune.*

Der *Vorwärts* in Paris richtete sich an die dort arbeitenden deutschen Handwerker. 1848/49 war Marx Chefredakteur der *Neuen Rheinischen Zeitung* in Köln; von 1851 bis 1862 schrieb er Artikel für die auflagenstärkste Zeitung der Welt, die *New York Daily Tribune.*

Vorwärts   1844

Marx und Arnold Ruge schrieben nach dem Scheitern der *"Deutsch-Französischen Jahrbücher"* manchmal für die Zeitung *Vorwärts* in Paris. Sie erschien zweimal wöchentlich in deutscher Sprache. [In Paris lebten rund 50.000 Deutsche.] Besonders intensiv wurde der *Vorwärts* von Mitgliedern radikaler Bildungsvereine gelesen, die dort über politische Positionen diskutieren konnten.

Gründer und Chefredakteur war der Theaterdirektor und Übersetzer Börnstein, zweiter Chefredakteur war der Publizist Karl Ludwig Bernays.

Sie fanden für den *Vorwärts* eine ganze Reihe kompetenter Mitarbeiter, die unterschiedliche Ansichten vertraten [Burschenschaftler, Sozialisten, Humanisten...] Zum Kreis der Autoren gehörten Bakunin, Engels, Dr. Ewerbeck, Heine, Herwegh, Marx, Ruge, Georg Weber und Weerth. Gewöhnlich trafen sich über zehn Autoren zu den Redaktionssitzungen, dabei wurde heftig geraucht und noch heftiger gestritten.

Deutliche Differenzen traten zwischen Ruge und Marx auf. Ruge wünschte für Deutschland eine Revolution wie die von 1789. Denn das deutsche Volk könnte erst durch eine demokratische Revolution entstehen. Gesellschaftliche Revolutionen gehörten für Ruge in das Reich der Phantasie.

Genau das jedoch Marx lag im Sinn. In Frankreich seien der Nationalkonvent und Napoleon in ihrem Versuch gescheitert, den Pauperismus durch politisches Einwirken zu beseitigen, ebenso die Regierung in England. Poltische Institutionen von Staaten seien ohnmächtig, denn das System der bürgerlichen Gesellschaft beruhe auf systematischer Ausbeutung.

Marx schrieb von August bis Dezember 1844 für den *Vorwärts*. Als die Zeitung einen Mordversuch auf den preußischen König zur Kritik an dessen Regierungsform nutzte, erließ Frankreich Ausweisungsbefehle gegen vier Mitarbeiter des *Vorwärts*, auch gegen Marx.

"Es widerstrebte aber seinem Stolze, sich freiwillig unter polizeiliche Aufsicht zu stellen, und er beschloß daher, nach Brüssel überzusiedeln, ließ Frau und Kind vorläufig in Paris zurück (...)" berichtete sein Freund Heinrich Bürgers, der ihn nach Brüssel begleitete.

Neue Rheinische Zeitung   1848/49

> Das erste Exemplar wurde am 1. Juni 1848 gedruckt, das letzte [in Rot] am 19. Mai 1949

1848 eilten Marx und Engels nach Deutschland, um dort an der Revolution mitzuwirken. Die Herausgeber der *Neuen Rheinischen Zeitung* in Köln beriefen Marx sofort zum Chefredakteur. Trotz ständiger finanzieller Schwierigkeiten erreichte die *Neue Rheinische* die stolze Zahl von 5.000 Abonnenten. Sie verfügte über ein gut aufgestelltes Korrespondentennetz und informierte nicht nur über Köln, das Rheinland und Preußen, sondern über weitere deutsche und europäische Staaten.
Leser, die über aktuelle Entwicklungen Bescheid wissen wollten, griffen gerne zur *Neuen Rheinischen Zeitung,* deren Sprachniveau anspruchsvoll war. Ihr Verbreitungsgebiet ging über Köln hinaus.

Der politische Kurs der Zeitung schwankte. Marx´ Kommentare neigten mal zur bürgerlichen und mal zur sozialistischen Revolution. Durch die grundsätzlich radikale

Ausrichtung der *Neuen Rheinischen* waren ihre Journalisten oft Verfolgungen, Verhaftungen und Ausweisungen
ausgesetzt. Dazu schrieb Heinrich Bürgers, einer der
beiden Herausgeber der Zeitung: Das Blatt "sollte im
Sinne der deutschen Demokratie redigiert werden, welche die Entscheidung über Monarchie oder Republik als
offene Frage behandelte, während sie der Republik aus
theoretischen wie aus praktischen Gründen den Vorzug
gab.

Aber Karl Marx, dem unter dieser Voraussetzung die
Oberleitung der Zeitung übertragen worden war, und
seine Freunde Friedrich Engels, Ernst Dronke, Ferdinand Wolff und Wilhelm Wolff, die er in die Redaktion
hineingezogen hatte, gingen als-bald von dieser Haltung
ab und pflanzten mit dem Pariser Juni-Kampf [1848]
das Banner der roten Republik auf.
Durch die Kühnheit und Schärfe, mit welcher die *Neue
Rheinische Zeitung* auftrat (...) die Schwächen der
oppositionellen Parteien in Frankfurt und Berlin bloß-
legte und den Mangel an revolutionärer Energie bei den
Parteiführern geißelte, gewann sie alsbald einen mächtigen Einfluß in der öffentlichen Meinung (...)."

Zwei sich in ihren Widersprüchen ergänzende Erinnerungen geben Auskunft über die Persönlichkeit des Chefredakteurs Karl Marx:

"Seine Bewegungen waren eckig, aber kühn und selbstsicher, seine Manieren liefen allen gesellschaftlichen Umgangsformen geradezu zuwider. Aber sie waren stolz, mit einem Anfluge von Verachtung, und seine metallische Stimme stimmte merkwürdig überein mit den radikalen Urteilen, die er über Menschen und Dingen fällte",   schrieb Pavel Annenkov.

"Aber Marx war der zugänglichste der Menschen und heiter und liebenswürdig im Verkehr. Engels war weit schroffer (...) während Marx im Umgang etwas außerordentlich Gewinnendes hatte. In der Redaktion der *Neuen Rheinischen Zeitung* ging alles glatt, wenn Marx da war. Wenn er von Engels vertreten wurde, herrschte sofort Konfliktstimmung. (...) Nur wenn Marx in der Redaktion war, herrschte Ruhe und Ordnung, soweit es in solcher Gesellschaft überhaupt möglich (...)", erinnerte sich Liebknecht.

1849 versuchte Karl Marx, die Zeitung als *Neue Rheinische Zeitung. Politisch-ökonomische Revue* von seinem Londoner Exil aus fortzusetzen. Seine Ehefrau Jenny schrieb darüber: "Karl hatte im Herbst 1849 sogleich Unterhandlungen in Deutschland angeknüpft, um eine Revue, in London redigiert, in Hamburg herauszugeben. Nach unzähligen Schwierigkeiten erschienen sechs Nummern unter dem Namen *Neue Rheinische Zeitung. Politisch-*

ökonomische Revue. Der Erfolg dieser Revue war sehr groß. Der Buchhändler aber, von den deutschen Regierungen bestochen, betrieb den geschäftlichen Teil so schlecht und nachlässig, daß es bald sichtbar wurde, daß das Unternehmen nicht weiter durchzuführen war."

Artikel für die *New-York Daily Tribune*
1851 - 1862

Elf Jahre lang schrieb Karl Marx als Korrespondent Artikel für die auflagenstärkste Zeitung der Welt, die mit 200.000 Exemplaren pro Ausgabetag erscheinende *New-York Daily Tribune.*
Charles Dana, ein Redakteur der *New York Daily Tribune,* hatte Karl Marx 1848 in Köln kennen gelernt und bat ihn, wöchentlich einmal einen Artikel für die New Yorker Zeitung zu schreiben.

Die kompletten ersten 19 Artikel verfasste Engels 1851/52 in Marx´ Namen. Der beherrschte das Englische schriftlich noch nicht sicher genug. In der zweiten Jahreshälfte 1852 schrieb Marx Artikel, die Engels für ihn ins Englische übertrug und ab 1853 schrieb Marx die Artikel selbstständig.

Bis zum Ausscheiden von Dana aus der Redaktion der *Tribune* 1862 verfasste Marx über 480 Artikel, von denen gut 1/4 als Leitartikel abgedruckt wurden.
{Autor eines Teils dieser Artikel, z.B. der mit militärischen Themen, war übrigens Friedrich Engels.}

Die Einnahmen [anfangs pro Artikel 1 Pfund Sterling] halfen der Familie Marx.

Wie dringend sie dieses Geld brauchte, zeigt eine Anmerkung von Karl Marx in einem Brief an Friedrich Engels. In der letzten Woche habe er keinen Artikel für die *Tribune* schreiben können, weil er kein Geld für die Lektüre englischer Zeitungen hatte.

Schon vor 1860 wurden die *Tribune*- Artikel für Marx zu einer immer unsicheren Einnahmequelle. Denn das Interesse der *Tribune*-Leser an Informationen aus Europa ließ gegen Ende der 1850er Jahre deutlich nach.

Der Beginn des amerikanischen Sezessionskrieges 1861 verstärkte die amerikanische Innenschau. Die *Tribune* druckte mehrere Monate lang keine Artikel von Marx ab. Dennoch war er ihr so wichtig, dass ihm erst gekündigt wurde, als Charles Dana aus der Redaktion ausschied.

2.3 Kommunismus vor und neben Marx

"Marx als Denker ist auf dem richtigen Weg. Er stellte den Grundsatz auf, daß alle religiösen, politischen und juridischen Entwicklungen in der Geschichte nicht Ursachen, sondern Wirkung der ökonomischen Entwicklungen sind.

Dies ist ein (...) fruchtbarer Gedanke, (...) ihm gehört schließlich die Ehre, ihn fest begründet und seinem ganzen ökonomischen System zugrunde gelegt zu haben."   Michail Bakunin, 1872

Noch 1842 hatte Marx erklärt, den kommunistischen Ideen komme keine *theoretische Wirklichkeit* zu. Er befasste sich aber mit der sozialen Schieflage in Westeuropa. Wie sollte darauf reagiert werden?

Pauperismus und Proletariat

Hunger.
Elend.
Verwahrlosung.
Krankheit.
Früher Tod.

Beim Schlagwort *"Pauperismus"* [lat. pauper = arm] ging es um Armut. Viele Tagelöhner und Arbeiter litten zu Beginn der Industrialisierung unter unsäglicher Not. Politische Mitsprache zur Änderung ihrer Lage blieb ihnen versagt. Nur betuchte Bürger hatten Wahlrecht.

Friedrich Engels protokollierte das Los der *Proletarier* im 1845 veröffentlichen Buch *"Die Lage der arbeitenden Klasse in England."*

Eine Anmerkung zur Entwicklung des Begriffs *"Proletarier"*: In Rom waren ein *proletarius* ein Bürger der untersten Klasse, ein *proles* war sein Kind. Lorenz von Stein *["Der Sozialismus und Communismus des heutigen Frankreichs", 1842]* bezeichnete als *Proletariat* die Schicht, die nicht als ihre Arbeitskraft besitzt, ihre Lage aber erkannt hat und eine Besserstellung verlangt. Marx verstand später das *Proletariat* als Gegenspieler der Kapitalisten im historischen Entwicklungsprozess.

Wer politische Lösungen zur Situation der *Proletarier* anstrebte, dem boten 1840 in Frankreich zwei Bücher unterschiedliche Möglichkeiten an. Bei der ersten veränderte der Staat die Lage [= Staatssozialismus], bei der zweiten musste die gesamte Struktur des Staates geändert werden.

Für die erstere Lösung plädierte Louis Blanc in seinem Buch *"Organisation der Arbeit."* Eine Republik sollte die die Gründung von Arbeiterbünden ermöglichen.
Pierre-Joseph Proudhon als Vertreter der zweiten Lösung stellte in "Was ist das Eigentum?" fest, wer politische Gleichheit wolle, müsse das Eigentum abschaffen. Damit nahm er eine kommunistische Position ein.

An dieser Stelle seien drei Bemerkungen zu *Sozialismus, Kommunismus* und *Marxismus* eingeschoben.

Erstens wurden die Begriffe Sozialismus und Kommunismus im 19. Jahrhundert viel unschärfer gebraucht es heute üblich ist. Marx begann als "Sozialist", wurde "Kommunist" und schließlich "wissenschaftlicher Sozialist."

Zweitens bestimmt gegenwärtig jeweils das Zentralkomitee der kommunistischen Partei eines Landes, was "Kommunismus" und/oder "Marxismus" sind. Alles andere sind Abweichungen [oft von "Revisionisten"].

Drittens verschleierte um 1830 der Franzose Étienne Cabet mit dem Begriff "Kommunismus" [= Gemeinsamkeit, Cabet benutzte ihn als erster] sein Ziel einer *"egalitären Republik."* Denn egalitäre Ideen waren in Frankreich "verboten". Sie gingen auf Francios Noel Babeuf [genannt: *Gracchus* Babeuf] zurück, der 1796 im Namen der Gleichheit [egalité] einen Aufstand gegen die Regierung anstiftete.
Babeufs Ziele: Ein zu bildender Ausschuss sollte die Reichen enteignen und Grundbesitz einkassieren, um Gütergemeinschaft zu ermöglichen. Danach ginge die Macht an das Volk zurück, und eine egalitäre und demokratische Republik entstände.

Zählen wir weitere sozialistische Vordenker auf. Marx war mehr oder weniger gut mit ihren Vorstellungen vertraut.

Deutschland: *Moses Heß* *(1800 - 1850)*

Marx und er arbeiteten mehrfach zusammen. Heß schrieb 1837 ([n seinem Buch *"Heilige Geschichte der Menschheit"]*, der Mensch könne mit sich selbst nicht einig werden, wenn "Versöhnung" sich nur auf sein Denken beziehe. Die lasse sich nur in einer sozialistischen Gesellschaft verwirklichen.

In seinem Werk *"Die europäische Triarchie"* (1841) erhoffte Heß drei Emanzipationsbewegungen: Deutschland bringe die geistige Freiheit, Frankreich die politische Freiheit und England werde die soziale Gleichheit hervorbringen.

Frankreich: *Saint Simon, Claude Henri de Rouvroy* *(1760 - 1825)*

Der Sozialtheoretiker erklärte, alle produktiv Tätigen müssten den erarbeiteten Wohlstand auch Ärmeren zugutekommen lassen. Saint Simon wollte die hierarchische Gesellschaft nicht auflösen. Die Ausbeutung sollte durch technokratische Mittel überwunden werden. Privateigentum war nicht abzuschaffen, es sollte besser genutzt werden.

Der sich auf ihn berufende Saint-Simonismus suchte sozial gerechte Lösungen zum Übergang von der Feudal- zur industriellen Gesellschaft. Vorgeschlagen wurde die Abschaffung des Erbrechts an den Produktionsmitteln. Diese sollten an die Gesamtheit der Bürger überführt werden. Der Staat ließe sich als Assoziation der Werktätigen organisieren.

Schottland: *Robert Owen*   *(1771 - 1858)*

war Sozialreformer. Als Mitbesitzer einer Baumwoll-
spinnerei richtete er für seine Arbeiter eine Muster-
siedlung ein, begrenzte die Arbeit auf 10,5 Stunden pro
Tag, ließ Kinder erst ab 10 Jahren arbeiten, richtete eine
Kranken- und eine Rentenkasse ein, verkaufte in Läden
Ware fast zum Selbstkostenpreis. Er regte die ersten
britischen Arbeitsschutzgesetze an.
Seine Gedanken hielt er in *"Eine neue Auffassung von der
Gesellschaft"* fest. In den USA initiierte er das Modellpro-
jekt einer Gemeinschaftssiedlung mit gleichen Anteilen.
Dieses scheiterte. 1829 kehrte er nach England zurück und
kooperierte mit den Gewerkschaften. Es entstanden
weitere Arbeitersiedlungen nach seinem Modell. Von Owen
soll der Begriff *Sozialist* stammen.

Frankreich: *Louis Blanc*   *(1810 - 1890)*

propagierte 1840 in seinem Buch *"Organisation der Arbeit"*
die Verschmelzung von Republikanismus und Sozialismus.
Die Arbeiterfrage sei entstanden durch: brutalen Wettbewerb, sinkende Löhne, britische Hegemonie und alles
durchdringenden Egoismus. Ein republikanischer Staat
solle Arbeitervereinigungen gründen.

Frankreich: *Pierre-Joseph Proudhon*   *(1800 - 1899)*

schlug 1840 in *"Was ist Eigentum?"* vor, Assoziationen zu
gründen, die aber nicht vom Staat organisiert sein sollten.

Wer politische Gleichheit wolle, müsse das Eigentum abschaffen. Schließlich gilt: "Eigentum ist Diebstahl." Diesen Satz übernahm er vom Journalisten Jacques Pierre Brissot (1754 -1793).

Deutschland: Ferdinand Lassalle

(1824 - 1864)

ging von Malthus´ ehernem Lohngesetz aus: Die Löhne sind niedrig, weil es zu viele Arbeiter gibt [die zu viele Kinder haben]. Lassalle forderte wie Proudhon ein Eingreifen des Staates durch Schaffung staatlicher Produzentengenossenschaften.

Für Lassalle war der Staat der beste Agent für die Emanzipation der Arbeiterklasse. Lassalle hatte als Vorsitzender des ADAV [Allgemeinen Deutschen Arbeitervereins] keine Probleme, sich mit dem Reichskanzler Otto von Bismarck zu geheimen Gesprächen zu treffen.

Eine Randbemerkung zu seiner Person und ihrer Bewertung:

Lassalle starb nach einem Duell.
Engels fand anfangs bewundernde Worte für den Getöteten: *"politisch war er sicher einer der bedeutendsten Kerle in Deutschland".*

Nachdem Lassalles Gespräche mit Bismarck bekannt wurden, beschimpfte Engels ihn als *"Baron Itzig"* und *"jüddischen Nigger".*

2.4 Marx wird Sozialist

Marx *"hatte eine sehr ausdrucksvolle Physiognomie. Er hatte keine großen, aber blitzende dunkle Augen: üpiges schwarzes Haar beschattete seine Stirn. [...] Sehr gelehrt, ein unermütlicher Arbeiter, der die Welt mehr aus der Theorie als aus dem Leben kannte. Er war sich seines reellen Wertes vollkommen bewußt, wenn er dessen gedachte, war er guter Laune und unterdrückte in seinem Herzen zwei schlechte Ratgeber: die Eifersucht und den Neid, die er niemals vollständig zum Schweigen brachte. Sein Sarkasmus, mit dem er mitleidslos seine Gegner verfolgte war nicht der des Bourgeois, sondern schneidend kalt wie das Beil des Henkers"*,   stellte Georg Herwegh in seinen Briefen fest.

Nachdem sich Marx noch im Oktober 1842 gegen den Vorwurf gewehrt hatte, er oder die *Rheinische Zeitung* sympathisierten mit dem Kommunismus, vollzog er in der Zeit danach politisch eine Radikalisierung. Dieses Kapitel zeigt wesentliche Punkte seines Wandels auf.

Noch 1842/43 wandte sich Karl Marx primär gegen den "christlichen Staat", wie ihn seiner Meinung nach Preußen verkörperte.
Marx´ damaliges Ziel war eine Republik, in der bürgerliche Gesellschaft   und   rationaler   Staat   miteinander verschmolzen. Doch die Erklärung der Menschenrechte

während der Französischen Revolution sei, so Marx, nichts anderes als die Garantie des Privateigentums. Die bestehende bürgerliche Gesellschaft bedeutete die Voranstellung des Ichs, damit Konkurrenzkampf, ausgetragen auf dem Boden eines geltenden "tierischen Rechts", wobei Freiheit als Privileg [von Gruppen oder Einzelner] verstanden wurde.

Im modernen Staat herrsche der Krieg jeder gegen jeden. Hegel habe den Fehler gemacht, die Trennung zwischen dem politischen Staat und dem privaten Bürger zu vollziehen.
Wirklich Mensch sein könne man nur im rationalen Staat, in dem Privates und Staatliches eins sind. {So wie es nach Marx´ Meinung in der griechischen Polis gewesen war.}

Hegel habe das sich um 1810 scheinbar reformierende Preußen als einzig möglichen Staat verstanden und damit geirrt. Die Junghegelianer [also auch Marx] bezogen ihr Konzept der Republik nicht allein auf politische Institutionen, sondern auf alle gesellschaftlich relevanten Bereiche [Gesetze, Familie...].
Bürger sollten in rechtlicher und politischer Freiheit leben und ihrer eigenen Vernunft gehorchen, was durch Staatsgesetze ermöglicht werden müsse.

Der Begriff "Arbeit" nahm bald in Marx´ Denken eine zentrale Rolle ein. Die Verbindung jedes einzelnen mit der Gesellschaft erfolge durch seine Arbeit, also durch seine Produkte, die materiellen und/oder die geistigen. Dieser Ansatz führte Marx bald zum Sozialismus.

Bei der Entwicklung seiner Theorien trug Marx in zwei Bereichen Scheuklappen:

Erstens missachtete er die Möglichkeiten des Individualismus. Den lehnte Marx ab, weil er mit Wettbewerb und Konkurrenzkampf verbunden war.

Zweitens lehnte Marx parlamentarische Vertretungen ab. Gewählte Volksvertreter entsprachen nicht seinem Verständnis von Demokratie. Deshalb blendete Marx die potentiellen Möglichkeiten von Parlamenten aus.

Marx beeindruckten Friedrich Engels´ Thesen in dessen *"Umrissen zu einer Kritik der Nationalökonomie"* [abgedruckt in den *Deutsch-Französischen Jahrbüchern*]. Engels erklärte, nach dem Wegfall der Beschränkungen des Merkantilismus seien mit dem Freihandel die Folgen des Privateigentums zutage getreten. Freihandel bedeute Ausbeutung auf dem ganzen Erdball und die Auflösung der Familien durch das Fabriksystem.

Von März bis August 1844 studierte Marx intensiv Texte von Nationalökonomen wie Smith, Say, W. Schulz und MacCulloch. Primär suchte er dabei nach Belegen für die die Verelendung der Arbeiter, denn die politische Ökonomie sei eine "Bereicherungswissenschaft".

Marx nahm zwar auch kritische Anmerkungen über die Lohnvereinbarungen zur Kenntnis. Z.B. stellte Eugéne Buret fest, für die Arbeiter sei der tägliche Austausch von Leben gegen Lebensmittel weder frei noch gleich.

Doch Marx ging damals auf diese Gedanken, noch nicht ein. {Er beschäftigte sich bis zum Ende seines Lebens mit Zusammenhängen zwischen Geschichte, Gesellschaft und Ökonomie.} Später spielten Burets Feststellungen in der Begründung seiner Mehrwerttheorie eine entscheidende Rolle.

Während der 1. Hälfte des Jahres 1844 hofften die Familien Marx und von Westphalen in Trier immer noch, Marx werde eine feste Arbeitsstelle suchen und finden. Doch der überlegte, ob er eine Geschichte des französischen Konvents (von 1772 bis 1795) schreiben solle.

Er wollte seine These von den begrenzten Möglichkeiten politischen Handeln innerhalb der bürgerlichen Gesellschaft historisch belegen. Denn trotz seiner Machtfülle konnte nicht einmal der revolutionäre Konvent die Armut in der französischen Republik beseitigen. Das habe sich bei den Auseinandersetzungen um die Freigabe der Brotpreise gezeigt.

Im Juni 1844 begeisterte sich Marx für den Aufstand der Weber in Schlesien. Die Weber hätten weder geplündert noch die Maschinen zerstört. Sie vernichteten stattdessen die Rechnungsbücher der Firmen. Auch seien die Arbeiter gegen Bankiers vorgegangen, aber nicht gegen Unternehmensbesitzer. Sie hätten mit dem Bewusstsein des Wesens des Proletariats gehandelt.
Marx kommentierte: "Erst in dem Socialismus kann ein philosophisches Volk seine entsprechende Praxis, also erst im Proletariat das thätige Element seiner Befreiung finden."

Marx beabsichtigte, mit seinen Werken die bisher gültigen Aussagen der Nationalökonomie zu verändern und wurde zum ersten deutschen Philosophen, der sich intensiv in die politische Ökonomie einarbeitete.

Er wandte den Begriff der Entfremdung auf die Arbeit an. Je fortgeschrittener Eigentum und Arbeitsteilung seien, desto mehr sehe der Arbeiter im Produkt seiner Arbeit nur einen fremden Gegenstand. Selbst die Verrichtung der Arbeit werde entfremdet, Arbeit bedeute nicht mehr Erfüllung.

Für die in der Mitte des 19. Jahrhunderts lebenden Proletarier gehe es aufgrund miserabler Bezahlung allein um tierische Bedürfnisse, die der physischen Existenz dienten.

Im August 1845 hielten Karl Marx und Friedrich Engels sich gemeinsam in Manchester auf. Die Erkenntnisse dort gaben Marx den Anstoß, genau zwischen historischen Abläufen und der Darstellung aktueller volkswirtschaftlicher Zusammenhänge zu unterscheiden.

Einschub: Marx dachte auch idealistisch

Um Marx richtig zu verstehen, muss sein philosophischer Hintergrund beachtet werden. Viele nehmen an, dass er den Menschen aus einer rein materialistischen Position verstand. Aber Marx´ Sozialismus bezog sich auf weit mehr als die Bewältigung der Probleme des Existenzkampfes. {Der Begriff *Existenzkampf* wurde übrigens von Charles Darwin eingeführt.}

Karl Marx verstand sein ganzes Leben lang den Menschen aus *idealistischer Position*.

Er bezog sich auf Positionen Kants und Hegels. Bereits Kant hatte die Erzählung vom Sündenfall als Parabel über die Entlassung des Menschen aus dem Mutterschoße der Natur verstanden. Rationale Kontrolle, so implizierte Kant, führe zu Moral und Recht. Das Subjekt Mensch besitzt die Fähigkeit, natürlichen Bedürfnissen zu widerstehen, diese auch rationaler Prüfung zu unterziehen.

Hegel bezog dieses Können nicht allein auf das Gewissen Einzelner. Er erklärte, dass sich eine allgemeine Sittlichkeit entwickle und Institutionen, die diese absicherten [Kultur, Justiz...]. Auch den sich verschiebenden Formen von Arbeit hatte Hegel weltverändernde Bedeutung zugeschrieben.

Marx erklärte, in der Ausübung von „Arbeit" gestaltet und entwickelt sich der Mensch. Auftauchende Widerstände wären entweder natürlich [z.B. physikalisch] oder historisch, wie sich langsam verschiebende Eigentumsverhältnisse.

Hegels Dialektik sehe die Selbsterzeugung des Menschen als einen Prozess. Für Marx war der Ursprung des Menschen die Geschichte und nicht die Natur. Geschichte sei die Vermenschlichung der Natur durch bewusste Lebenstätigkeit des Menschen.

So werde der Mensch zu einem Gattungswesen und schließlich frei, weil er nicht durch spezifische Bedürfnisse bestimmt ist. Die Lösung der Probleme des Pauperismus könne in der Verbindung menschlicher Selbsttätigkeit mit dem Sozialismus liegen.

Deshalb kritisierte Marx die bisherigen sozialistischen Ideen [und Feuerbach]. "Die materialistische Lehre von der Veränderung der Umstände und der Erziehung vergisst, dass die Umstände von den Menschen verändert und der Erzieher selbst erzogen werden muss."

Positive Aspekte der Bürgerlichen Gesellschaft

Anfangs beurteilte Marx die bürgerliche Gesellschaft mit ihrer Betonung des individuellen ökonomischen Interesses und des Privateigentums nur negativ [=Pathologie der Verelendung].

Ab 1847 beurteilte er sie differenzierter. Die Entwicklung der Produktivkräfte [damit verbunden: der Bürgerlichen Gesellschaft] und der Klassenkampf bewirkten letztlich die Vorwärtsbewegung der Geschichte. Ohne Gegensatz gab es keinen Fortschritt, die Produktivkräfte entwickelten sich aufgrund der Herrschaft des Klassengegensatzes.

Marx´ Ideen fanden sofortige Kritiker:
Ruge merkte an, "Entfremdung" betreffe nicht nur Proletarier.
Bauer fragte, wie das ungebildete Proletariat unter den bestehenden erdrückenden Lebensumständen eine Idee der Selbstbestimmung entwickeln solle. Wie könne dieser Klasse eine Vision von Emanzipation zugeschrieben werden?

2.5 Friedrich Engels,

Freund und Mäzen

Eleanor Marx erinnerte sich positiv an die Freundschaft ihres Vaters mit Friedrich Engels: "Und ich glaube mitunter, daß ein Band fast so stark wie ihre Hingabe an die Sache der Arbeiter sie zusammenband - ihr unerschöpflicher, unverwüstlicher Humor. Es gibt nicht bald wieder zwei Leute, die so Gefallen fanden an Scherz und Witz wie die zwei. (...) Wie oft habe ich gesehen, daß sie sich nicht ins Gesicht zu sehen wagten, weil sie wußten, daß ein einziger Blick unstillbares Gelächter entfesseln musste."

Ein negatives Urteil: "Marx war, um es allgemein zu sagen, Engels´in pekuniärer Hinsicht beträchtlich verpflichtet´. Frau Marx war der Gedanke daran unerträglich. Nicht, daß sie Engels´ Dienste für ihren Mann nicht anerkannte, aber ihr mißfiel und sie beklagte seinen Einfluß auf seinen großen Freund.
Mehr als einmal sprach sie von ihm zu meiner Frau als Marx´ ´bösem Geist´ und wünschte ihren Gatten von jeder Abhängigkeit von diesem tüchtigen und ergebenen, aber kaum sympathischen Helfer befreien zu können", beschrieb der englische Sozialist Philipp Hyndman das Verhältnis der beiden. {Zwischen Hyndman und Engels bestanden große Rivalitäten.}

Karl Marx und Friedrich Engels: Sie waren ein effektives Duo. Zurecht sprachen vielen von ihnen als der „Zwei-Mann-Partei".

Miteinander verbunden machten sie Geschichte, wirkten auf die sozialistische und kommunistische Bewegung, auf Sozial- und Politikwissenschaften, auf die Philosophie. Ihre Ideen und Theorien befeuern noch heute und auch in Zukunft wissenschaftliche Diskussionen.

Emphatisch nannte Liebknecht das Verhältnis der beiden *"Bruderbund."* Über die bemerkenswerte menschliche und ideologische Nähe der beiden Philosophen und Sozial-revolutionäre wird immer wieder gerätselt und gestritten. Schließlich waren Karl Marx und Friedrich Engels zwei Persönlichkeiten mit je einer eigenen Biografie und je einem eigenen Erfahrungshorizont.

Handelten diese beiden, seitdem sie sich 1844 kennenge-lernt hatten, jahrzehntelang in ständigem Gleichschritt? Experten beantworten diese Frage entweder mit „Nein, aber..." oder mit „Ja, *aber*..."

Alles begann mit einem intensiven zehntägigen Gedan-kenaustausch in Paris. Marx und Engels trafen sich vom 28. August bis zum 6. September 1844. Der 26-jährige Karl und der 23-jährige Friedrich Engels waren neugierig aufeinander. Marx´ Schwiegersohn Lafargue stellte 1890 nachträglich die gegenseitige Einflussnahme so dar: "Engels, der in England gelebt und daselbst die

Theoretiker der politischen Ökonomie, die Lage der Arbeiter, die Bedingungen der Großindustrie und die chartistische Bewegung studiert hatte, nahm einen entscheidenden Einfluß auf die geistige Richtung von Marx, der sich bis dahin mehr mit Philosophie, Geschichte, Rechtswissenschaft und Mathematik befaßt hatte.

Er war die veranlassende Ursache, die diesen bestimmte, sich der politischen Ökonomie zu widmen, von der seine Familie und seine Universitätsprofessoren nur eine sehr geringe Meinung hatten. Bald wurde es Marx klar, daß in den ökonomischen Erscheinungen der Schlüssel zur Geschichte der Gesellschaft und der Ideen zu suchen sei.
Engels erzählte mir, daß Marx 1844 (...) ihm zum ersten Mal den ökonomischen Determinismus seiner Theorie der materialistischen Geschichtsauffassung vortrug."

Während der zehn Tage in Paris wurde nicht nur diskutiert. Beide speisten gemeinsam, lachten viel und tranken noch mehr. Die sich mit der Gewalt eines Strohfeuers entwickelnde Gemeinsamkeit und Harmonie beflügelte beide.

Miteinander diskutierend und schreibend entwickelten Marx und Engels ihr gemeinsames Sozialismus-Konzept. 1844 schrieben sie *"Die heilige Familie"* und 1845 *"Die deutsche Ideologie."* Beide Bücher fanden wenige Käufer, doch beide hatten schreibend die Fundamente ihrer Idee von Sozialismus formuliert.

Bereits zu dieser Zeit akzeptierte Engels seinen Freund als den ihm geistig überlegenen Partner. "Marx war kritischer und besonnener, dafür arbeitete er langsamer und schwerer, Engels mit größerer Leichtigkeit. Engels selbst sagte mir, sein schlimmster Fehler sei seine Voreiligkeit gewesen. Durch Marx sei sie ihm abgewöhnt worden. Den habe ein Gedanke nicht losgelassen, ehe er ihn nicht nach allen Seiten scharf geprüft und in allen seinen Wurzeln und Verzweigungen verfolgt hätte",

erinnerte sich Liebknecht.

Marx war der bessere Theoretiker, Engels strukturierte dafür nicht nur sein Leben erfolgreich, sondern auch das der Familie Marx. [Sie war eng mit ihm befreundet.] Friedrich Engels, der Sohn eines erfolgreichen Barmer Unternehmers, *war stets gut angezogen, wie es der Engländer von jedem Gentleman verlangt, hielt auch auf strenge Ordnung in seinem Arbeitszimmer, wie es einem korrekten Kaufmann geziemt.*

Marx dagegen sah aus wie ein zwar würdevoller, aber gegen Äußerlichkeiten gleichgültiger Patriarch. Den Schnitt seiner Kleider beachtete er nicht, auf seinem Schreibtisch und manchem der Stühle seines Studierzimmers häuften sich in bunter Unordnung Bücher und Schriftstücke",

verglich Karl Kautzky 1881 die beiden.

Tatsache ist, dass es ohne Friedrich Engels keinen Marxismus gäbe. Weder der zweite noch der dritte Band des *"Kapitals"* wären veröffentlicht worden. Engels opferte Jahre seines Lebens, eigene Pläne und viel Geld, um dem Werk seines Freundes wissenschaftliches Renommee zukommen zu lassen.

Durch seine persönliche Zurückhaltung verschaffte Friedrich Engels ihrer gemeinsamen Lehre das Prädikat "Marxismus." So leitete Engels nach Marx´ Tod zwölf Jahre lang die kommunistische Bewegung (1883-1895). Während dieser Phase berief er sich in seinen Entscheidungen gewöhnlich auf die Theorien [und die Autorität] von Karl Marx und ganz selten auf seine eigenen Erkenntnisse.

1845 [Marx lebte schon in Brüssel] machten beide gemeinsame Studien in Manchester und knüpften in London Kontakte zu Sozialisten. Danach bauten sie in Brüssel mühsam einen Deutschen Arbeiterbildungsverein und eine Gruppe des *Bundes der Kommunisten* auf.

Vertreter dieser Gruppen trafen sich 1847 in London. Im Auftrag dieser Zusammenkunft verfasste Engels zwei Vorentwürfe eines Manifests dieses Bundes [anfangs „Glaubensbekenntnis" genannt]. Marx gestaltete daraus das *„Kommunistische Manifest."*

1848/49 setzten sich beide für die Revolution in Deutschland ein. Nach deren Scheitern ging zuerst Marx nach London, Engels folgte ihm. Dort gestaltete sich ihr Leben völlig perspektivlos. Da entschloss Engels sich zu einem Schritt, durch den er für viele völlig unglaubwürdig wurde.

Um Marx als Denker und Schreiber finanzieren zu können, "schacherte" der überzeugte Sozialist Engels von 1850 bis 1869 in Manchester als Unternehmer. Dabei agierte er so erfolgreich wie sein Vater. Als Engels 1869 die Firma verließ, war er Millionär [in heutige Währungen umgerechnet].

In den 26 Jahren danach vergrößerte der Rentier Engels durch Aktiengeschäfte sein Vermögen noch beträchtlich, trotz der ab 1869 anfallenden Ausgaben für sich, Marx und andere, sowie die sozialistische Bewegung.

Ab 1850 schrieben sich Marx und Engels fleißig Briefe. 1.400 sind erhalten. {Die Postzustellung zwischen London und Manchester war schon um 1860 ausgezeichnet organisiert. Briefe, die jeweils bis neun Uhr morgens abgegeben wurden, erreichten den Empfänger in der anderen Stadt noch am gleichen Tag gegen 18 Uhr.} In ihren Briefen tauschten Marx und Engels ungeschminkt ihre Meinungen aus.

Als die Briefe 1913 von Bebels und Bernstein veröffentlicht wurden, zensierte die Leitung der SPD den Inhalt. {Denn treue Anhänger könnten schockiert und irritiert sein über das, was Marx und Engels sich schrieben.}

Eleanor Marx [geb. 1855] erinnert sich an Reaktionen ihres Vaters auf Briefe von Engels: *"Eine meiner ersten Erinnerungen ist die Ankunft von Briefen aus Manchester. Die beiden schrieben sich einander beinahe täglich, und ich erinnere mich noch, wie oft Mohr (...) zu den Briefen sprach, als wäre der Schreiber zugegen: ´Nein, so ist´s nu doch nicht´, ´da hast du recht´ etc. etc. Aber am besten erinnere ich mich daran, wie Mohr manchmal über die Briefe von Engels lachte, daß ihm die Tränen über die Wangen liefen."*

Engels wurde schnell ein Teil der Familie Marx. Seinen Besuchen fieberte sie   entgegen. Marx konnte sich nicht mehr konzentrieren, bis Engels endlich gekommen war.

Der unterstützte nicht nur Karl Marx, sondern auch dessen Töchter. Ihnen vermachte er auch 1895 den größten Teil seines Vermögens. Für Marx ersetzte Friedrich Engels ein ganzes Publikum. Konnte er den in einem wichtigen Punkt überzeugen, war Marx sehr zufrieden.

Er gab sehr viel auf Engels geistige und moralische Vorzüge. Wobei Engels zumindest zwei wichtige Mitstreiter aus Marx´ Nähe verbiss, nämlich 1844/5 Moses Heß und 1873/4 Henry Hyndman. Engels verteidigte seinen ersten Platz an Marx´ Seite {auch gegen Konkurrenten, die er eigentlich nicht hatte}.

So beeindruckend das von Marx und Engels entwickelte Theoriegebäude wirkt, so weist ihr praktisches Verhalten eine Reihe dunkler Flecken auf [z.B. Kap. 4.2   Die Auflösung der *Internationale*].
Der vielleicht dunkelste Fleck war Henry Frederick Demuth. Im Juni 1851 bekam Helene Demuth, das unverheiratete Dienstmädchen der Familie Marx, einen Sohn, Henry Frederick. Friedrich Engels soll im internen Kreis behauptet haben, dessen Vater zu sein.

Doch der wirkliche Erzeuger des Jungen dürfte Karl Marx gewesen sein. Mit der Übernahme der inoffiziellen Vaterschaft rettete Engels das Ansehen seines Freundes und den bedrohten Familienfrieden.

Marx´ Ehefrau Jenny dürfte eins und eins zusammenge-
zählt haben. Denn zur Zeit der Zeugung Frederick De-
muths weilte sie in Paris. {„Orthodoxe" Marxisten leugnen
standhaft Marx´ Vaterschaft.} Der Junge wurde rasch in
eine Pflegefamilie gegeben.

Marx kümmerte sich gar nicht um den Pflegesohn, Engels
soll ihn ein bisschen unterstützt haben. Die beiden möglichen Väter behandelten Frederik Demuth völlig unfair;
egal, wessen Sohn Freddy wirklich war.
Der Junge konnte für sie zum Schandfleck werden. Wurde
öffentlich bekannt, dass Marx der Vater war, wäre bei den
damaligen bürgerlichen Moralvorstellungen sein Ruf rui-
niert gewesen. Darum wollte und konnte Karl Marx Henry
Frederick Demuth nicht als sein Kind anerkennen.

Auch Friedrich Engels hielt sich Frederick Demuth vom
Leib. Wie musste es nach außen wirken, wenn er Fredrick
als seinen Sohn präsentierte? Der würde als die Frucht
sexueller Ausschweifungen eines Unternehmers mit einem
Dienstmädchen gelten.

Die ganze Angelegenheit wurde [nicht nur von Marx und
Engels] so geschickt vertuscht, dass darüber nur wenige
Tatsachen bekannt sind. Die Zahl der Vermutungen ist
dagegen sehr groß. Vieles spricht für Marx´ Vaterschaft
und dafür, dass Engels´ sich in dieser Situation schützend
vor seinen Freund stellte, um dessen guten Ruf zu retten.

Gegenüber Henry Frederick Demuth handelten die beiden großen Vordenker des Sozialismus asozial: Familiäre Verpflichtungen, soziale Verantwortung, solidarisches Handeln? Nicht im Fall dieses Kindes. [Frederick Demuth starb 1929.].

Marx und Engels marschierten im Guten wie im Bösen Hand in Hand. Louise Kautsky schrieb in einem Brief, Marx *"liebte den Buben nicht, der Skandal wäre zu groß gewesen."* Dessen Herkunft wurde verschwiegen im Bemühen, den Propheten des Klassenkampfs als in jeder Beziehung unfehlbar darzustellen.

Ein einziges Mal stand die Verbundenheit von Marx und Engels auf des Messers Schneide. 1863 starb Engels Lebensgefährtin Mary Burns. Marx schrieb unter Missachtung von Engels´ tiefer Trauer über ihren Tod einen mit Ironie gewürzten Kondolenzbrief.
Erst fünf Tage später reagierte Engels mit einem schroffen Brief. {Normalerweise antwortete jeder sofort auf einen Brief des anderen.}
Marx wurde bewusst, dass er einen Fehler gemacht hatte, und er reagierte außergewöhnlich: Karl Marx entschuldigte sich! Die Freundschaft fand bald zum alten Einvernehmen zurück.

1870 zog Engels von Manchester nach London und unterstützte Marx bei der Lenkung der Ersten Sozialistischen Internationale und Überlegungen zu den weiteren Bänden des Kapitals.

Im Dezember 1881 starb Jenny Marx, im März 1883 Karl Marx. Bei der Sichtung von Marx´ Unterlagen stellte Engels entsetzt fest, dass Marx´ Manuskript für die Bände 2 und 3 des *"Kapitals"* nur aus zwei Kapiteln bestand, sowie einer Unmenge an Notizen.

Aufgewühlt meinte Engels, wäre ihm klar gewesen, wie sehr Marx beim Schreiben der Bände zögerte und zauderte, Tag und Nacht hätte er Marx zur Arbeit angetrieben.

Spätestens in diesem Moment hätte jeder andere mit Marx gebrochen. Doch Engels setzte weitere elf Jahre (!) seines Lebens daran, das *"Kapital"* [Die Bände 2 und 3] in eine Endfassung zu bringen. Als Autor wurde selbstverständlich Karl Marx angeben.

Nachdem Engels sein Leben darauf ausgerichtet hatte, den lebenden Karl Marx zu unterstützen, verschaffte er ab 1883 dem toten Karl Marx die Anerkennung seiner Anhänger und seiner Gegner.

Für die Geschichte sowohl des Sozialismus wie auch des Kommunismus war das Zusammenspiel der beiden von entscheidender Bedeutung: Engels vertrat weitere zwölf Jahre lang die gemeinsam mit Marx entwickelten Prinzipien und Ziele. Die „marxistische" Bewegung gewann zahlreiche Anhänger.

Eine Reihe von Historikern und Biografen arbeitete besonders die Differenzen von Marx und Engels heraus, wobei viele Marx als den positiven Sozialisten sehen, während sie Engels für Entwicklungen wie den Stalinismus verantwortlich machen.

Das trifft nur insoweit zu, als bestimmte Führer der Kommunistischen Partei Gedanken von Engels oder Marx auf ihre Weise verstanden und ihrer Auslegung praktische Konsequenzen folgen ließen. Für Marx und Engels war weder die Durchführung der Revolution noch die Gestaltung der „Diktatur des Proletariats" ein Thema.

Die Diskussion darüber, ob ihre politischen Kinder und Enkel wirklich in ihrem Sinne handelten oder handeln, füllt ganze Wände von Bibliotheken.

Marx fand beim Schreiben des *„Kapitals"* kein Ende, weil er stets noch weitere aktuelle Fakten einfügen wollte, und Engels war in Fragen der Strategie und der Taktik des Sozialismus sehr flexibel.
Ihre Theorie des "Kommunismus" war offener, als sie im 20. und 21. Jahrhundert von Anhängern und Gegnern interpretiert wurde [und wird].

2.6 Marx als Organisator
sozialistischen Kampfes

"Karl Marx ist einer jeder seltenen Menschen, welche gleichzeitig in der Wissenschaft und der öffentlichen Tätigkeit in erster Linie stehen konnten; er verband sie so innig, daß es unmöglich ist, ihn zu verstehen, wenn man ihn nicht sowohl als Gelehrten wie auch als sozialistischen Kämpfer ins Auge faßt."

"(...) - 'Für die Welt arbeiten', das war einer seiner Lieblingsaussprüche."

berichtete Marx´ Schwiegersohn Lafargue.

Marx setzte sich nicht nur am Schreibtisch für seine Ideen ein {langfristig durch Bücher, kurzfristig durch Artikel und Briefe}. Er selbst gründete sozialistische Vereinigungen, übernahm Vorstandsposten, sprach mit anderen Taktiken und Strategien ab und hielt viele Vorträge.

Bei allen organisatorischen Bemühungen ist zu beachten, dass die sozialistischen Zirkel anfangs kleine Splittergruppen waren [mit zweistelligen, selten dreistelligen Mitgliederzahlen]. Gemessen an der Gesamtzahl der Handwerker und Arbeiter handelte es sich um kleine und kleinste Gruppen.

Der bisher nur in akademischen Kreisen verkehrende Karl Marx hatte im Juli 1844 erste Kontakte mit Handwerkern.

99

In Deutschland war der akademische Ansatz der Jung-hegelianer, den Menschen ihre "wahren Bedürfnisse" be-wusst machen zu wollen, kläglich gescheitert. Marx hatte erleben müssen, dass 1843 die LeserInnen der *Rhei-nischen Zeitung* deren Schließung unter leisem Protest hinnahmen. Die Deutschen bestimmte [nicht nur] in seinen Augen Spießbürgerlichkeit mit deutlicher Vorliebe fürs Pri-vate, ein rein provinzielles Verhältnis zur Außenwelt und das primäre Denken an die eigene Sicherheit.

In Paris dagegen begeisterte Marx das politische Bewusst-sein der französischen Handwerker. Marx fand Zuhörer und Anhänger. Die preußische Regierung sorgte sich über seinen wachsenden Einfluss, fürchtete gar Königsmord. Ein preußischer Spitzel berichtete aus Paris:

"Es ist ein wirklich bejammernswerter Zustand, wenn man hier sieht, auf welche Weise einige Intriganten die armen deutschen Handwerker irreführen, nicht bloß Arbeiter, sondern auch junge Kaufleute, Commis usw. in den Kommunismus zu ziehen suchen.

Alle Sonntage versammeln sich die deutschen Kom-munisten (...) Hier kommen oft 30, oft 100, 200 deut-sche Kommunisten zusammen (...). Es werden Reden gehalten, offen Königsmord, Abschaffung alles Besit-zes, herunter mit den Reichen usw. gepredigt, dabei keine Religion mehr, kurz, der krasseste, abscheu-lichste Unsinn.

Ich könnte junge Deutsche nennen, die von achtbaren Eltern dort sonntags hingeführt und verdorben werden. (...) Ich schreibe Ihnen dies in aller Eile, damit die Marx, Heß, Herwegh (...) nicht fortfahren, also junge Leute ins Unglück zu stürzen."

Preußen erreichte bei der französischen Regierung tatsächlich Ausweisungsbefehle für Ruge, Heine und Marx. Der französische König erklärte: *"Wir müssen Paris von deutschen Philosophen säubern."* Ruge und Heine wehrten sich erfolgreich gegen ihre Ausweisung, Marx ging nach Brüssel.
1845 traten Marx und Engels in London mit einem *"Bund der Gerechten"* in Verbindung. {Marx sorgte später dafür, dass er sich in *Bund der Kommunisten* umbenannte.}

Nach Brüssel zurückgekehrt, gründeten sie auch dort einen *Bund der Kommunisten* und einen Deutschen Arbeiterbildungsverein. Marx wurde auch Vertreter der *Association democratique,* dem Brüsseler Ableger der *Fraternal Democrats.*
1846 gründeten Marx, Engels und der Belgier Philippe Gigot in Brüssel das *Kommunistische Korrespondenz-Komitee.* Damit verfolgten sie zwei Zielsetzungen.
Zum einen ging es um Kontakt und Austausch über wissenschaftliche Fragen zwischen deutschen, englischen und französischen Sozialisten und Kommunisten.
Zum zweiten wollte Marx` Gruppe konkurrierende sozialistische Ansichten ausschalten.

Von der absoluten Richtigkeit seiner Ideen überzeugt, setzte Marx sehr viel Energie dafür ein, andersdenkende Sozialisten zu bekämpfen, konkret, sie bei der Besetzung von Führungsposten auszuschalten und seine Meinung als die der Gruppe zu veröffentlichen.

Statt gemeinsam die sozialistische Bewegung voranzubringen, stellten viele sozialistische Gruppen ihre eigenen Lehren und Interessen über die der anderen. Die Reinheit der Lehre war entscheidend und stand vor Überlegungen zu taktischer Zusammenarbeit.
Entsprechend waren Marx und Engels entsetzt, als 1875 im Gothaer Programm viele kommunistische Kernideen gar nicht erst auftauchten. Liebknecht und Bebel wollten taktisch zuerst eine Vereinigung mit Lassalles ADAV erreichen. Strategisch vergaßen sie ihre kommunistischen Ziele nicht. Jahre später wurden die wieder ins Programm eingefügt.

Die kleine Gruppe der sozialistisch denkenden Arbeiter konnte zwischen einer ganzen Reihe möglicher Anführer wählen. Karl Marx war nur einer von vielen „Sternen". Und eine ganze Reihe sozialistisch ausgerichteter Arbeiter empfand Marx´ Auftreten als arrogant.
So kam es im März 1846 zu einer Auseinandersetzung zwischen Marx und dem damals sehr populären Wilhelm Weitling. Dieser charakterisierte ihre Unterschiede so, dass seine eigene [=Weidlings] bescheidene Vorbereitungsarbeit für die gemeinsame Sache wichtiger sei als die Kabinettsanalysen von Personen [= Marx], die von der leidenden Welt des Volkes weit entfernt seien. Damit benannte Weidling Marx´ Achillesferse.

Karl Marx war theoretischer Sozialist. Doch sein Lebensstil war der eines gut betuchten Bürgers: 40 Jahre lang (!) verfügte seine Familie immer über ein Dienstmädchen [kurzfristig auch zwei].

Ideologisch bemühte sich Marx vergebens um einen Schulterschluss mit dem französischen Sozialisten Proudhon.

Dafür wuchs während der Brüsseler Zeit das informelle *Vorwärts*-Kollektiv aus Paris [siehe 2.2] zu einer Partei zusammen, deren Ziel die Vormachtstellung gegenüber anderen sozialistischen Denkströmungen war.
Ein Beispiel von vielen: Brutal schlossen die 18 Mitglieder des *Kommunistischen Korrespondenz-Komitees* in Brüssel ihr Gründungsmitglied Hermann Kriege aus. Dieser predige in Nordamerika einen auf "Liebe" beruhenden Kommunismus. Das Komitee erhob Vorwürfe gegen Krieges Auftreten und seine "phantastische Gemütsschwärmerei."

1846 schilderte Wilhelm Weitling den Ablauf dieser Sitzung aus seiner Sicht. Dabei spielten Fragen der Geschäftsordnung eine wichtige Rolle:
"Ich allein stimmte dagegen. [...] ´Ja,´ hieß es, ´künftig aber darf sich niemand von der Unterschrift ausschließen. Wenn einer auch gegen etwas stimmt, so muss er doch den Namen als dafür stimmend hergeben.´ Indess, ich erklärte, dies schon jetzt tun zu wollen, falls man den Beschluß dieser mir neuen Mode der Kritik beifügen wolle. Das wollte man nicht. [...]"

Weitling wurde gezwungen, die Gründe für seine abweichende Meinung zu Protokoll zu geben.

Seine Beweggründe waren: "Der *Volkstribun* [=kommunistische Publikation in Amerika] ist (...) ein den amerikanischen Verhältnissen vollkommen entsprechendes kommunistisches Organ. (...)
überhaupt sieht der Unterzeichnete nicht ein, warum das Interesse einer Partei (...) erfordern sollte, ihre Waffen nach Amerika zu richten, noch weniger sieht derselbe ein, welches Interesse sie haben kann, dorthin ihre Waffen gegen sich selbst zu richten."

Das nannte der Marx eine erbärmliche (...) Erklärung, und es wurde (...) beschlossen, diese Erklärung nicht beizufügen. (...) Ich habe diese Herren Kritiker als ausgefeimte Intriganten kennengelernt. (...)
Ich bin ihr ärgster Feind und kriege zuerst den Kopf heruntergeschlagen, dann die anderen, zuletzt ihre Freunde, und ganz zuletzt schneiden sie sich selbst den Hals ab. (...) Jeder will allein Kommunist sein und stellt alle anderen als Nichtkommunisten hin, sobald er ihre Konkurrenz fürchtet. (...)"

Viele der von ihren Anhängern bewunderten sozialistischen Führer pflegten einen autokratischen Führungsstil. Der Russe Pavel Annenkow verband 1846 in einer Beschreibung von Karl Marx dessen physische Präsenz mit seinen Ansprüchen auf die Führung der Gruppe:

"Eine dichte, schwarze Mähne auf dem Kopfe, die Hände mit Haaren bedeckt, den Rock schief zugeknöpft,
hatte er dennoch das Aussehen eines Mannes, der das
Recht und die Macht hat, Achtung zu fordern. (...)

seine scharfe Stimme, die wie Metall klang, stimmte
merkwürdig überein mit den radikalen Urteilen über
Menschen und Dinge, die er fällte. Er sprach nicht
anders als in imperativen, keinen Widerspruch dulden-
den Worten (...)
Dieser Ton drückte die feste Überzeugung von seiner
Mission die Geister zu beherrschen und ihnen Gesetze
vorzuschreiben. Vor mir stand die Verkörperung eines
demokratischen Diktators (...)."

Marx´ Stellung in seiner Gruppe beruhte auf dem
Versprechen, in einem großen Werk [= *„Das Kapital"*]
werde er mittels systematischer Kritik die bestehende
politische Ökonomie zerschmettern.
Entsprechend schloss Marx am 1.2.1845 einen Vertrag mit
dem Darmstädter Verleger Carl Leske, den er aber {auf-
grund seines akribischen Vorgehens und anderer Projekte}
nicht einhalten konnte.

Die preußischen Behörden verfolgten Marx weiterhin und
verlangten vom kleinen und erst seit 1830 bestehenden
Belgien, dass es Marx ausweist.

Als Kompromiss verlangte die belgische Regierung von Marx, in ihrem Land keine weiteren Artikel zu veröffentlichen. Um aber politisch agieren zu können, verzichtete Marx auf seine preußische Staatsbürgerschaft. Ab Dezember 1845 war und blieb er bis zu seinem Lebensende staatenlos.

2.7   Das „*Kommunistische Manifest*"

"Ein Gespenst geht um in Europa."

Es ging um Selbstvergewisserung. Und Abgrenzung. *"Es ist hohe Zeit, daß die Kommunisten ihre Anschauungsweise, ihre Zwecke, ihre Tendenzen vor der ganzen Welt offen darlegen, (...) Zu diesem Zweck haben sich Kommunisten der verschiedensten Nationalität in London versammelt und das folgende Manifest entworfen (...)."*

Im Februar 1848 gedruckt, diente das *"Kommunistische Manifest"* weniger der Darstellung nach außen als der Klärung nach innen. Gedruckt wurden gerade 600 Exemplare, die man unter den Mitgliedern des *Bundes der Kommunisten* verteilte.

Das *"Kommunistische Manifest"* war bei weitem nicht der Kanonenschuss, der die politischen Lager aufweckte oder verschreckte.

Denn Europa stand im Bann der Revolution, die von Frankreich aus die Nachbarstaaten überflutete. Im Februar 1848 hatten die Franzosen ihren König vertrieben, nur einen Monat später wankten die Throne in Wien und Berlin.

Im Sturm dieser Ereignisse spielte das *"Manifest"* für das Komitee der Kommunistischen Partei in Deutschland keine große Rolle mehr. Am 24. März veröffentlichte es die aktuelleren *"Forderungen der Kommunistischen Partei in Deutschland"*.

Zwar druckte die englische Zeitschrift *Red Republican* 1850 [nach Beendigung der Revolutionswirren von 1848/49] das vernachlässigte *"Kommunistische Manifest"* in Fortsetzungen ab. Doch auch nach dieser Veröffentlichung blieb dem *"Manifest"* eine unmittelbare Auswirkung versagt.

Erst die Nachwelt sprach diesem Text von gerade 36 Druckseiten seine große Bedeutung zu. Und tatsächlich hatte Karl Marx im Januar 1848 {unter Rückgriff auf die beiden Vorentwürfe von Friedrich Engels} mit dem *"Kommunistischen Manifest"* einen einzigartigen Text verfasst. Darin stellte er den Menschen als ein Wesen dar, das auf seine eigene Welt und die Natur durch produktive Tätigkeit einwirkt. Marx skizzierte, wie die Welt sich innerhalb eines Jahrhunderts durch Industriekapitalismus und den schon damals weltweiten Markt verändert hatte.

Letztlich zum Negativen hin: Der *Kapitalismus* hatte alles in verkäufliche Ware verwandelt.

Der erste Abschnitt des *"Manifests"* *"Bourgeois und Proletarier"* begann mit jener kategorischen Feststellung *"Die Geschichte aller bisherigen Gesellschaft ist die Geschichte von Klassenkämpfen."*

Marx erläuterte die Entwicklung menschlicher Geschichte von der Antike bis zur Gegenwart. Zur bürgerlichen Gesellschaft schrieb er: *"Die aus dem Untergang der feudalen Gesellschaft hervorgegangene moderne bürgerliche Gesellschaft hat die Klassengegensätze nicht aufgehoben. (...) Wir sehen also, wie die moderne Bourgeoise selbst das Produkt eines langen Entwicklungsganges, einer Reihe von Umwälzungen in der Produktions- und Verkehrsweise ist. (...)*

Die Bourgeoisie (...) hat an die Stelle der mit religiösen und politischen Illusionen verhüllten Ausbeutung die offene, unverschämte, direkte, dürre Ausbeutung gesetzt. (...)
An die Stelle der alten lokalen und nationalen Selbstgenügsamkeit und Abgeschlossenheit tritt ein allseitiger Verkehr... (...) Sie zwingt alle Nationen, die Produktionsweise der Bourgeoisie sich anzueignen, wenn sie nicht zugrunde gehen wollen. (...)"

Im nächsten Schritt brachte Marx die Proletarier und ihre Rolle für die damalige Gegenwart und Zukunft ins Spiel.

"Aber die Bourgeoisie hat nicht nur die Waffen geschmiedet, die ihr den Tod bringen, sie hat auch die Männer gezeugt, die diese Waffen führen werden - die modernen Arbeiter, die Proletarier. (...)"

Die Arbeit selbst hätte (...) „allen selbstständigen Charakter und damit allen Reiz für den Arbeiter verloren. (...)

Je weniger die Handarbeit Geschicklichkeit und Kraftäußerung erheischt (...), desto mehr wird die Arbeit der Männer durch die der Weiber und Kinder verdrängt. (...)" Habe ein Arbeiter seinen kargen Lohn erhalten, "so fallen die anderen Theile der Bourgeoisie über ihn her, der Hausbesitzer, der Krämer, der Pfandverleiher u.s.w. (...)

Das Proletariat macht verschiedene Entwicklungsstufen durch. (...) Diese Organisation der Proletarier zur Klasse (...) wird jeden Augenblick wieder gesprengt durch die Conkurrenz unter den Arbeitern selbst. Aber sie ersteht immer wieder, stärker, fester, mächtiger. (...) Es werden ferner, wie wir sahen, durch den Fortschritt der Industrie ganze Bestandteile der herrschenden Klasse in's Proletariat hinabgeworfen (...). Auch sie führen dem Proletariat eine Masse Bildungselemente zu. (...)

Mit der Entwicklung der großen Industrie wird also unter den Füßen der Bourgeoisie die Grundlage selbst weggezogen worauf sie produzirt und die Produkte sich aneignet. Sie produzirt vor Allem ihre eignen Todtengräber. Ihr Untergang und der Sieg des Proletariats sind gleich unvermeidlich."

Im zweiten Abschnitt "Proletarier und Kommunisten" schrieb Marx: Die Kommunisten "haben keine von den Interessen des ganzen Proletariats getrennten Interessen. (...) Was den Kommunismus auszeichnet, ist nicht die Abschaffung des Eigenthums überhaupt, sondern die Abschaffung des bürgerlichen Eigenthums. (...)"

Das Manifest geht dann auf Vorwürfe gegen die Kommunisten und den Kommunismus ein. Zum Beispiel, dass alle Menschen faul wären, wenn es kein Privateigentum gäbe. Oder dass die Kommunisten die Familie abschaffen wollten, eine *"Weibergemeinschaft"* entstehen solle, und dass "Vaterland" und "Nation" verschwinden sollten. Marx zählte Gegenargumente auf und beschrieb die Teile des Programms, die sich auf die Zukunft bezogen.

Der Kommunismus werde "die Ausbeutung des einen Theils der Gesellschaft durch den andern (...)" beenden. Mit der "Erhebung des Proletariats zur herrschenden Klasse (...)" übernehme der Staat die Produktions-Instrumente.

Grundeigentum und Erbrecht würden abgeschafft, der Staat übernähme auch das Transportwesen. Es gebe Nationalfabriken und gleichen Arbeitszwang für alle. Fabrikarbeit für Kinder in der damaligen Form sei zu beseitigen, Kinder sollten kostenlos erzogen werden.

Das Proletariat "hebt mit diesen Produktions-Verhält-
nissen die Existenz-Bedingungen des Klassengegensatzes der Klassen überhaupt, und damit seine eigene
Herrschaft als Klasse auf."

Der dritte Teil *"Socialistische und kommunistische
Literatur"* diente schließlich zur Auseinandersetzung mit
konkurrierenden sozialistischen Ideen. Sie wurden auf den
Prüfstand gestellt.
Zuerst wurde der reaktionäre, z.b. feudale oder christliche
Sozialismus verworfen. Der träume von bereits unterge-
gangenen Welten.
Der kleinbürgerliche Sozialismus, wie ihn Sismondi ver-
trete, kritisierte den Kapitalismus nur aus der Perspektive
kleiner Handwerker oder Bauern.
Und der "deutsche oder wahre" Sozialismus sei nur philo-
sophisches Gedankenspiel.
Weiter gebe es den konservativen oder Bourgeoisie-Sozia-
lismus. Für diesen stehe Proudhon. Er wolle Verbesse-
rungen für die Arbeiter, aber keine Veränderungen des
Systems.
Progressiv und zielführend für das Proletariat seien nur der
kritisch-utopische Sozialismus und der Kommunismus.

Die kritisch-utopischen Denker, besonders Babeuf, St.
Simon, Fourier, Owen hätten ihre Ideen zu früh entwickelt.

Diese Urheber der sozialistischen Systeme seien revolutionär gewesen. Jedoch hätten ihre Schüler reaktionäre
Sekten gebildet. Deren Denkfehler sei, dass sie zwischen
den gesellschaftlichen Gegensätzen vermitteln wollten. Das
Proletariat aber werde sich durch den Klassenkampf
fortentwickeln.

Im kurzen 4. Schlussteil des *"Manifests"* wurden einige taktische Überlegungen zu Ländern aufgezählt:
In Frankreich hätten sich die Kommunisten an die *sozialistisch-demokratsiche Partei* anzubinden, in der Schweiz müssten sie die Radikalen unterstützen, in Deutschland sollte die kommunistische Partei gemeinsam mit der Bourgeoisie gegen die absolute Monarchie kämpfen.

Das *Kommunistische Manifest schließt mit den bekannten Sätzen:* "Mögen die herrschenden Klassen vor einer Kommunistischen Revolution zittern. Die Proletarier haben nichts zu verlieren als ihre Ketten. Sie haben eine Welt zu gewinnen.

Proletarier aller Länder vereinigt Euch!"

Für Marx gab es eine soziale Revolution nur in Kopplung mit einer politischen Revolution. Sein Kommunismus setzte 1848 auf die bourgeoise Revolution als Vorspiel der proletarischen Revolution.
Als Konsequenz spielte er 1848/49 in Deutschland, speziell in Köln, eine Doppelrolle: Marx unterstützte oft Forderungen der [groß]bürgerlichen Fraktionen. Seine Hoffnung: Deren Verwirklichung führe zum raschen Untergang der Bourgeoisie.

2.8 Die 1848/49er Revolution –

Feuer und Asche

Bereits 1847 brodelte es in vielen europäischen Staaten. Die politischen Systeme der Restauration wirkten auf progressive Bürger wie prachtvolle Fassaden, hinter denen nur Ruinen standen.
Selbst die Herrscher zweifelten an der Verlässlichkeit staatlicher Strukturen:
In Preußen wurden die Stände zu einem vereinigten Landtag zusammengerufen, in England fanden die Chartisten immer mehr Anhänger, in Frankreich wuchs die Unzufriedenheit mit dem eingeschränkten Wahlrecht spürbar an, in Italien bewaffnete man sich gegen das den Norden beherrschende Österreich, im Königreich Neapel gab es eine Rebellion gegen die Herrschaft der Bourbonen.

Als im im Februar und März 1848 die Revolutionen begannen leisteten die Herrscherhäuser nur halbherzige Gegenwehr:
Der österreichische Staatskanzler Metternich musste ins Exil nach London.
In Paris verzichtete der König zugunsten seines neun Jahre alten Enkels. Jedoch reichte dieses Opfer nicht. Die Menge forderte die Republik und bekam sie prompt, einschließlich Pressefreiheit und Wahlrecht für alle Männer.

In Brüssel jedoch widerstand der König allem Aufbegehren der Bürger. Marx soll mit geerbtem Geld die Bewaffnung der Arbeiter zwecks eines republikanischen Aufstands mitfinanziert haben. {Bisher fand sich in belgischen Archiven keine Bestätigung für diese Behauptung.}
Um Marx trotzdem am 3. März 1848 aus Belgien auszuweisen, genügte der Regierung die Verhaftung von

Mitgliedern des Deutschen Arbeiterbildungsvereins bei Straßentumulten. Es sei offensichtlich, dass Karl Marx im Zentrum einer Verschwörung stehe.

Die dramatischen Umstände der Ausweisung brachten Marx und seine Frau sogar kurzzeitig ins Gefängnis. Die Polizei hatte Marx aufgesucht. Er sollte Papiere übergeben, an denen er schrieb. Marx weigerte sich und wurde abgeführt.
Den Vorwurf der Verschwörung konnte die Polizei nicht belegen. Sie hatte peinlich genau untersucht, wie Marx an sein Geld gekommen war. Erst dann ließ sie von ihrem Verdacht der Finanzierung einer republikanischen Verschwörung ab.

Inzwischen war auch Marx´ Frau Jenny verhaftet worden. Marx traf am 4.3. in Paris ein und beschwerte sich. *"Das ganze Verbrechen meiner Frau bestand darin, dass sie trotz ihrer Zugehörigkeit zur preußischen Aristokratie die demokratischen Auffassungen ihres Mannes teilt."*

Aus dem monarchistischen Brüssel verbannt, wurde Marx im republikanischen Paris gefeiert. Hochrangige Personen luden ihn zu sich ein, so der Innenminister Ledru-Rollin.

Die republikanische französische Regierung wollte die politische Entwicklung in Deutschland fördern. Sie unterstützte die Bildung einer Legion, die sich aus deutschen Handwerkern zusammensetzte.

Die Freiwilligen sollten in ihren deutschen Heimatländern für republikanische Ziele kämpfen. Während Herwegh und Bornstedt dieses Unternehmen unterstützten, lehnte Marx es ab.

Den Initiatoren der Legion sei nicht klar, dass in Deutschland eine soziale Revolution anstehe, der Kampf zwischen Bourgeoise und Proletariat.

Der Streit um den Einsatz der Legion verlor mit der Märzrevolution 1848 an Bedeutung. Am 19. und 20. März trafen in Paris die Nachrichten von den Revolutionen in Wien und Berlin ein.
Nun ermunterte der Bund der Kommunisten einzelne Mitglieder, in ihre Heimatstädte zurückzukehren und an einem nationalen Netzwerk zu arbeiten, dessen Zentrale in Mainz liegen sollte. Dorthin reisten die Familie Marx, Friedrich Engels und Ernst Dronke.
Jenny Marx zog mit den Kindern für drei Monate weiter nach Trier, Marx wurde nach Köln gerufen.

Am 24. März veröffentlichte das Komitee der Kommunistischen Partei in Deutschland (Schapper, Engels, Bauer, Moll, Wolff) sein "Programm". Ganz Deutschland solle zu einer einigen Republik erklärt werden, mit eigener Staatsbank, verstaatlichten Transportmitteln und Nationalwerkstätten für bisher Arbeitslose.
Diese Ideen waren innerhalb der sozialistischen Gruppen umstritten. So erklärte Grün, Zentralisierung in einer Republik führe nur zur Ersetzung individueller Monopole durch ein kollektives Monopol.

Bei den Wahlen für die Nationalversammlung wählten die Deutschen mehrheitlich Verfassungsreformer, Liberale, Republikaner und Sozialisten.
Die Nationalversammlung trat erstmals am 5. Mai 1848 in Frankfurt/Main zusammen. Während der folgenden lang-

wierigen und komplexen Auseinandersetzungen im *"Professorenparlament"* konnten die konservativen Kräfte ihre Interessen durchsetzen.

Schließlich saßen sie an den Hebeln der Macht. Die Nationalversammlung hatte keine eigene Armee, nicht einmal eine Polizeibehörde.

Der schwindende Elan der Revolution lässt sich am Schicksal von Karl Marx ablesen. 13 Monate lang wirkte er in Köln, bis er am 16. Mai 1849 dort ausgewiesen wurde.

Mit all seinen Kräften setzte sich Marx in Köln als Chefredakteur der *Neuen Rheinischen Zeitung* und als Führungsmitglied der *Demokratischen Gesellschaft* für die Revolution ein.

Heinrich Bürgers erinnerte sich 1877 an die Zeit der Revolution: *"Für das zeitunglesende Publikum wie für die preußische Regierung galt Köln zu der Zeit, von der ich spreche, als das Hauptquartier der roten Demokratie, und die Kundgebungen, welche von den dortigen Vereinen, der demokratischen Gesellschaft und dem Arbeiterverein ausgingen, konnten wohl zu dem Glauben verleiten, daß dort ein revolutionärer Handstreich im Schilde geführt wurde."*

Marx unterstützte oft Vorhaben der Bourgeoisie [z.B. die Forderung nach Freihandel] und nicht der Proletarier, weil es nach seinem Verständnis zuerst zu einer Herrschaft des Bürgertums kommen musste.

Die sozialistischen Kräfte schwächten sich gegenseitig durch ihre Uneinigkeit. So war Marx nicht bereit, mit den 600 Anhängern seiner demokratischen Gesellschaft Teil der 7.000 Mitglieder starken Bewegung des Arztes Gottschalk zu werden.

Bei einer simplen Eingliederung seiner Gruppe hätte Marx seinen Vorstellungen kein Gehör mehr verschafften können.

Die Grabenkämpfe innerhalb der sozialistischen Gruppen lassen sich anhand eines Vorwurfs von Dr. Gottschalk auf einen Punkt bringen. Gottschalk meinte verbittert, Marx sei gar nicht daran interessiert, das Los der Arbeiterfamilien, die in ihrer großen Not jetzt Hilfe benötigten, zu verändern. Er habe nur irgendwelche Theorien im Kopf.

Die 48/49er Revolution fand ihr Ende, nachdem der preußische König die ihm angebotene Kaiserkrone ablehnt hatte. Die meisten Abgeordneten der Nationalversammlung fuhren nach Hause.

Allein im süddeutschen Raum kämpften Radikale unverdrossen für eine Republik. Dorthin begab sich auch Karl Marx nach der Ausweisung aus dem preußischen Köln.

Als Deputierter von Mannheim fuhr er noch im Mai nach Paris. Dort forderte ihn im August die Regierung des neuen Kaisers Napoleon III. auf, die Stadt zu verlassen.

Karl Marx und Friedrich Engels

(hinten)

Berlin: Marx-Engels-Forum

Bronzeplastik, Ludwig Engelhardt, 1986

Foto: H. Paler

2.9 Bittere Jahre in London

Ein Spitzelbericht aus London, 1852:
"Der Chef dieser Partei ist Karl Marx, die Unterchefs sind Friedrich Engels in Manchester, Freiligrath und Wolff (Lupus genannt) in London, Heine in Paris, Weydemeyer und Cluß in Amerika; Bürgers und Daniels waren es in Köln, Weerth war es in Hamburg. Alle außer diesen sind nur einfache Mitglieder. Der schaffende und handelnde Geist, die eigentliche Seele der Partei ist aber Marx (...)"

"Personal-Beschreibung des Carl Marx.

Alter: 35 Jahre. Größe: 5 Fuß 10-11 Zoll hannöversch Maß. Statur: untersetzt. Haare: schwarz, gelockt. Stirn: oval. Augenbrauen: schwarz. Augen: dunkelbraun, etwas blöde. Nase dick. Mund: mittel. Bart: schwarz. Kinn: rund. Gesicht: ziemlich rund. Gesichtsfarbe: gesund. Spricht deutsch im rheinischen Dialekt und französisch.

Besondere Kennzeichen: (...) ist schlau, kalt und entschlossen." Ein Steckbrief aus dem Jahre 1853

1849 musste Marx wählen: entweder die Verbannung in die französische Provinz oder das Verlassen des Landes.

1850 entschied der sich für den Wechsel nach London, trotz der vielen damit verbundenen Probleme. Die ersten Jahre dort waren für Marx und seine Familie von großen finanziellen Schwierigkeiten bestimmt. Er hatte kein geregeltes Einkommen. Die Einnahmen aus journalistischen Arbeiten flossen mäßig.

Wichtig für Marx wurde die Unterstützung durch Friedrich Engels. Seit November 1850 „schacherte" der wieder in Manchester, in der Firmenleitung von Ermen und Engels, der Firma, an der sein Vater beteiligt war {Engels wirkte dort gegen seinen Willen und sein Selbstverständnis als Sozialist}.

Häufig sah sich die Familie Marx gezwungen, Eigentum ins "Haus mit den drei Kugeln" [wie die Töchter es nannten] zu tragen, also ins Pfandhaus. Die Not spiegelt sich auch im Leiden und Tod der Kinder Franziska (1851), Guido (1850) und Edgar (1855). 1850 beschrieb Jenny Marx in einem Bettelbrief ihre Probleme als Mutter:

"Da die Ammen hier unerschwinglich sind, entschloß ich mich (...) mein Kind [Guido] selbst zu nähren. Der kleine arme Engel trank mir aber so viel Sorgen und stillen Kummer ab, daß er beständig kränkelte, Tag und Nacht in heftigen Schmerzen lag. Seit er auf der Welt ist, hat er noch keine Nacht geschlafen, höchstens 2 bis 3 Stunden. In der letzten Zeit kamen noch heftigere Krämpfe hinzu, so daß das Kind beständig zwischen Tod und elendem Leben schwankte. In diesen Schmerzen sog er so stark, daß meine Brust wund ward und aufbrach; oft strömte das Blut ihm in sein kleines Mündchen. (...)"

Wilhelm Liebknecht kommentierte den Tod des älteren Sohnes Edgar, "Musch" genannt: "Wäre dem armen Musch ruhige, nachhaltige Pflege und ein Aufenthalt auf dem Land oder an der See geworden, so hätte sich sein Leben vielleicht erhalten lassen. Allein, in dem Flüchtlingsleben, in der Hetze von Ort zu Ort und im Londoner Elend, war es trotz zärtlichster Elternliebe und Muttersorge doch nicht möglich, das zarte Pflänzlein für den Kampf ums Dasein genügend zu kräftigen. (...)"

Unter diesen bedrückenden Lebensumständen sammelte Marx Material für seinen großen Wurf: Einer Kritik der bisherigen Lehren über die nationale Ökonomie. Marx unterbrach aber seine Arbeit am Projekt häufig für andere Vorhaben.

1850-52 schrieb er *"Die Klassenkämpfe in Frankreich 1848 -1850"* und *"Der achtzehnte Brumaire des Louis Bonaparte."* In beiden Büchern gab er Wahlrecht und Parlamenten nur eine negative Bedeutung.
Für ihn hatten historische Entwicklungsphasen der Produktion und die Existenz der Klassen die entscheidende Bedeutung..

In London lief die praktische Parteiarbeit unter erschwerten Bedingungen weiter. Fast alle deutschen Flüchtlinge litten unter dem Schock der gescheiterten Revolution. Sie mussten sich in einem fremden Land eine neue Existenz aufbauen. Viele lebten nur von gelegentlichen Arbeiten, konnten häufig Mieten und Bäcker nicht bezahlen.

Auch die Familie Marx musste Wohnungen räumen, weil sie die Miete nicht zahlen konnte. Andererseits behielten Jenny und Karl Marx immer ihr Dienstmädchen Helene Demuth, selbst unter kümmerlichsten Wohnverhältnissen.

Marx reagierte empfindlich, wenn seine dünne bürgerliche Fassade angekratzt wurde. 1861 besuchte Ferdinand Lassalle die Familie Marx. Als Marx ihm erläutert hatte, wie gering seine Geldmittel waren, machte Ferdinand Lassalle einen Vorschlag. Eine von Marx´ Töchtern könne doch in den Dienst seiner Lebensgefährtin, einer Adligen, treten.

Diesen Vorschlag betrachtete Marx als Missachtung seiner gesellschaftlichen Stellung. Er nahm Lassalle die Idee sehr übel. Wiederholt empörte er sich [in Briefen] darüber.

Die deutsche Community kämpfte nicht nur mit Geldsorgen. Ein weiterer Teil der Energie versumpfte in Klatsch und Tratsch. Marx berichtete 1853 Engels eine Episode:

"Rumpf, unser fideler Schneider, sitzt jetzt im Narrenhaus. Vor ungefähr 3 Monaten heiratete le malheureus, um sich aus bürgerlicher Klemme herauszuziehen, eine alte Frau, wurde übertrieben solid, entsagte allen Spirituosis und arbeitete wie ein Pferd.
Vor einer Woche ungefähr gab er sich wieder ans Trinken, ließ mich vor ein paar Tagen rufen, eröffnete mir, daß er ein Mittel gefunden habe, die ganze Welt glücklich zu machen, ich solle sein Minister sein etc. etc."

Der schon in Deutschland tobende Streit der sozialistischen Fraktionen setzte sich in London fort. Der ehemalige Oberst August Willich begriff das nicht gleich, und er geriet in einen Konflikt mit Marx und Engels.
Willich hatte 1849 in Baden eine 800 Mann starke Arbeiter- und Studentenbrigade geführt und Engels zu einem seiner Adjutanten berufen. Nach London geflohen, engagierte er sich in der sozialistischen Szene.

1850 berichtete Willich in einem Brief: "Der erste Widerspruch zwischen Marx, Engels und mir stellte sich heraus, als von den in London anwesenden Männern der Revolution, die einen größeren oder geringeren Wirkungskreis gehabt hatten, die Einladung zu einer Versammlung an uns gerichtet wurde. (...)"

Willich war für die Annahme der Einladung. Denn er wollte, "daß der Eklat innerer Zerwürfnisse in der Emigration nach außen hin nicht verbreitet werden sollte." Er "wurde niedergestimmt und von dem Tage an datieren die ekelhaften Zerwürfnisse in der Londoner Emigration..."

Willich schrieb verärgert über Marx: "Herr Marx (...) hat es versucht, die Partei des Proletariats, der wir gemeinsam angehören und deren innerstes Wesen Selbstverwaltung und Selbstregierung sein muß,

(...), diese Partei zuerst zur Partei der *Neuen Rheinischen Zeitung* dann zur Partei ´Marx´ zu individualisieren. Die Menschheit zerfällt so für ihn in zwei Parteien: `Marx und die übrige Menschheit´ ."

Wer zum Kreis der "Partei" gehören wollte, brauchte eine lupenreine Gesinnung. Wie die überprüft wurde, schilderte Wilhelm Liebknecht in seinen Erinnerungen:

"Ich (...) war mitten in lebhafter Unterhaltung, als Marx mir auf die Schulter klopfte, sehr freundlich grüßend. (...) es schwante mir, daß jetzt das ´große´ Examen bevorstand, doch ich folgte vertrauensvoll. Marx (...) führte mich in den Private Parlour, wo Engels (...) mich sofort unter lustigen Scherzen in Empfang nahm. (...) Im Nu war ´Stoff´ zum Trinken und auch zum Essen bestellt - bei uns Flüchtlingen spielte die Magenfrage eine hervorragende Rolle (...)

Zuerst sprachen die drei über Texte, die sie voneinander gelesen haben. "Ich stand bei meinen beiden Examinatoren in Verdacht kleinbürgerlicher ´Demokratie´ und ´süddeutschen Gefühlsdusels´. Und manches Urteil, das ich über Menschen und Dinge fällte, stieß auf sehr scharfe Kritik. Indes, es gelang mir doch, den Verdacht von mir abzulenken. Ich brauchte nur zu erzählen, wie es mir in Baden mit der bürgerlichen Demokratie ergangen war, (...)"
Ein Anwalt hatte abgelehnt, Liebknecht zu verteidigen, denn der beharrte auf seiner kommunistischen Einstellung.

"Im ganzen verlief das Examen nicht ungünstig, und das Gespräch nahm allmählich eine weitere Ausdehnung. (...) Den Abend kam ich nicht mehr nach Hause - wir sprachen und lachten und tranken bis spät am anderen Morgen (...)."

2.10 Die Erste Internationale

"Die Internationale erkämpft des Menschen Recht..."

Text 1871: Eugéne Pottier,
Melodie 1888: Pierre Degeyter

Für ihre Anhänger war sie ein Leuchtturm, für ihre Gegner ein Schreckgespenst: die sozialistische Internationale. Dreimal entstand sie unter verschiedenen Bedingungen: 1. I.: 1864-1876; 2. I: 1889-1914...1919-1940, ... 3. I. : 1919-1943 [Die 3. I. sammelte die kommunistischen Parteien.]

Karl Marx gehörte zum Generalrat der Ersten Internationale und galt als ihr führender Kopf. Die Bedeutung der ersten Internationale war gering.
Marx blähte in seiner brillanten Darstellung des Aufstands der Pariser Commune ihren angeblichen Einfluss gekonnt und geschickt auf. Die öffentliche Meinung schob fortan der Internationale die Verantwortung für das Entstehen und Wirken der Commune in die Schuhe.

Zur Gründung der 1. Internationale [Internationale Arbeiter-Assoziation, IAA] kam es 1864 in London. Dort versammelte sich eine Reihe englischer und französischer Arbeiterführer [Proudhonisten, Gewerkschafter, Blanquisten, Sozialisten, Marxisten], um einen Dachverband zu gründen, als "das internationale Band, das die fortge-schrittensten Arbeiter in verschiedenen Ländern der zivilisierten Welt vereinigt." [So schrieb Marx später.]

Friedrich Leßner schrieb über die Gründung: "Die englischen Arbeiter luden auch Mitglieder des ´Kommunistischen Arbeiterbildungsvereins´ zu dieser Versammlung ein und sprachen gleichzeitig den Wunsch aus, wir sollten uns bei Karl Marx verwenden, damit auch er dieser internationalen Verbrüderung beiwohne."

Gegen Ende der Versammlung wurde ein provisorischer Zentralrat [später: Generalrat] gewählt. Marx gehörte dazu und verfasste {gegen einen Entwurf von Mazzini} eine Inauguraladresse und provisorische Statuten.

Engels stand der 1. Internationale anfangs kritisch und ablehnend gegenüber. Seiner Meinung nach zerstritten sich erstens die linken Gruppen bei Versuchen zur Zusammenarbeit erfahrungsgemäß viel zu oft.

Zweitens sollte Marx sich das Schreiben des *"Kapitals"* konzentrieren. {Von seiner Ablehnung rückte Engels erst ab, als die 1. Internationale nominell 800.000 Mitglieder aufweisen konnte und er 1869 seine Tätigkeit in Manchester beendete.}

Friedrich Leßner zählte zu den Erfolgen der 1. Internationale, dass sie in England Druck zugunsten eines selbstständigen Polen und der irischen politischen Gefangenen ausübte. Die englische Regierung musste die Haftbedingungen der eingekerkerten Iren verbessern.

Karl Marx habe dem Zentralrat auf seine Weise gedient. "Überhaupt war Marx bemüht, alle größeren politischen Fragen in das Bereich unserer Diskussionen zu ziehen und die Arbeiter zu befähigen, in die Mysterien der internationalen Staatskunst einzudringen und die diplomatischen Streiche der Regierungen zu überwachen",
erinnerte sich Friedrich Leßner.

Auch nach dem Scheitern der 1. Internationale rückte Marx nicht von der internationalen Perspektive ab. 1878 erklärte er in einem Interview: "Man braucht kein Sozialist zu sein, um vorauszusehen, daß es in Rußland, Deutschland, Österreich und möglicherweise in Italien (...) zu blutigen Revolutionen kommen wird.
(...) Aber diese Revolutionen werden von der Mehrheit gemacht. Revolutionen werden nicht von einer Partei gemacht, sondern von der ganzen Nation."

2.11 Das Genie Karl Marx

"Du wirst dir sicher einbilden, mein liebes Kind, dass ich
Bücher sehr liebe (...) Aber du wärst sehr im Irrtum.
Ich bin eine Maschine, dazu verdammt, sie zu verschlin-
gen, und sie dann in veränderter Form auf den Dunghau-
fen der Geschichte zu werfen."

schrieb Marx 1868 seiner Tochter Laura.

Wichtige Punkte zur Person Karl Marx verdienen je ein ein-
zelnes Kapitel, dürfen aber nicht getrennt voneinander
gesehen werden. Der geniale Denker Karl Marx eröffnete
gerade durch sein akribisches Forschen bis in die aller-
letzten Verästelungen hinein der wissenschaftlichen Diskussion völlig neue Horizonte, wobei er gleichzeitig oft
chaotisch handelte (Kap. 2.13).

Zudem war sein ganzes Leben vom Thema Krankheiten
belastet (Kap. 3.4). Zum Background seines Lebens und
seines Werkes zählen seine Familie (Kap. 2.12), sein
Freund Friedrich Engels (Kap. 2.5) und das Netzwerk
seiner Freunde.

Die Stärken einer Person korrespondieren mit ihren Schwächen. Das zeigt sich auch bei Karl Marx.
Dieses Kapitel befasst sich dem "Genie" Karl Marx und
zitiert dazu ihn selbst, Weggefährten und Zeitgenossen.

Marx besaß eine disziplinierte Arbeitshaltung. Schon im
ersten Jahr seines Studiums gewöhnte er sich an, aus
Büchern zu exzerpieren. Diese Arbeitstechnik hielt er bis
zum Lebensende bei.

Karl Marx hatte ein gutes Gedächtnis, argumentierte messerscharf, ließ in seinen Texten Humor und Ironie aufblitzen. Über ein Thema dachte er konzentriert, geradezu besessen (stunden-, nächte-, tagelang) nach. Marx las buchstäblich alle Texte zu einem Zusammenhang und fügte die neuesten Informationen in seine Gesamtkonzepte ein.

Für seine Leser hieß das, dass er häufig zu sehr in Detail ging. Engels erzählte, dass er beim Ordnen von Marx´ Nachlass allein zwei Kubikmeter (!) mit Büchern über russische Statistiken im Keller vorfand.
Marx biss sich zu oft an Fragestellungen fest und ließ äußere Bedingungen wie Termine außer Acht. Näheres dazu in den Kapiteln 2.12 (Familie) und 2.13 (Chaot).

Zum "Genie" Karl Marx diese Zitate:

"Marx arbeitete stets mit der äußersten Gewissenhaftigkeit; er gab keine Zahl oder Tatsache, die sich nicht auf die besten Autoritäten stützen konnte. Er begnügte sich nicht mit Mitteilungen aus zweiter Hand;

er ging stets an die Quelle selbst, so mühsam das auch sein mochte; er konnte um einer untergeordneten Tatsache willen ins Britische Museum eilen, um sich aus den dortigen Büchern darüber zu vergewissern. Seine Kritiker sind nie imstande gewesen, ihn auf einer Unachtsamkeit zu ertappen (...)", berichtete Wilhelm Liebknecht.

Marx äußerte sich über eine fehlende Arbeitstugend von Henry Mayers Hyndman: Er sei ein" ´schwacher´ Mensch (...) und sehr weit davon entfernt, die nötige Geduld aufzubringen - die erste Voraussetzung, um überhaupt etwas zu lernen - um eine Sache gründlich zu studieren."

"Am bittersten klagte Engels über Marx. ´Er ist kein Journalist´, sagte er, ´und wird nie einer werden. Über einen Leitartikel, den ein anderer in zwei Stunden schreibt, hockt er einen ganzen Tag, als handle es sich um die Lösung eines tiefen philosophischen Problems; er ändert und feilt und ändert wieder das Geänderte und kann vor lauter Gründlichkeit niemals zur rechten Zeit fertig werden´,

erinnerte sich Stephan Born.

"Marx sagte oft: ´Wir erstreben den achtstündigen Arbeitstag, aber wir selbst arbeiten oft mehr als zwei- mal so lang innerhalb 24 Stunden.´ Ja, Marx arbeitete leider viel zuviel. Wieviel Arbeitskraft und Arbeitszeit ihn allein die Internationale gekostet, davon hat ein Au- ßenstehender keinen Begriff",

schrieb Friedrich Leßner.

Sein Schwiegersohn Paul Lafargue beschrieb Marx´
Arbeitszimmer:
"Zu beiden Seiten des Kamins und dem Fenster gegenüber waren an den Wänden Bücherschränke, die mit Büchern gefüllt und bis zur Decke mit Zeitungspapieren
und Manuskripten überladen waren.
Gegenüber dem Kamin und an einer Seite des Fensters
standen zwei Tische voll mit Papieren, Büchern und Zeitungen, in der Mitte des Raumes und im günstigsten
Lichte befand sich der sehr einfache und kleine Ar-
beitstisch (3 Fuß lang, 2 Fuß breit) und der Lehnstuhl
aus Holz;
zwischen dem Lehnstuhl und dem Bücherschrank, dem
Fenster gegenüber, stand ein Ledersofa, auf dem Marx
sich von Zeit zu Zeit ausstreckte, um zu ruhen. Auf
dem Kamin lagen noch Bücher, dazwischen Zigarren,
Zündhölzchen, Tabaksbehälter, Briefbeschwerer, Foto-
grafien (...).
Er war ein starker Raucher. Das ´Kapital´ wird mir
nicht einmal so viel einbringen, als mich die Zigarren
gekostet, die ich beim Schreiben geraucht´, sagte er
mir (...)

Er ruhte aus, indem er im Zimmer auf und ab schritt;
vor der Tür bis zum Fenster zeigte sich auf dem Tep-
pich ein total abgenutzter Streifen, der so scharf be-
grenzt war wie ein Fußpfad auf einer Wiese. (...) Man
kann behaupten, daß er in seinem Kabinett gehend arbeitete;

er setzte sich nur in kurzen Zeiträumen nieder, um das, was er während des Gehens ausgedacht, niederzuschreiben. (...) Er liebte es auch sehr, im Gehen zu plaudern, indem er von Zeit zu Zeit stehenblieb, wenn die Erörterung lebhaft oder das Gespräch wichtig wurde."

Für Marx´ Denken und Lehre spielten die Naturwissenschaften eine entscheidende Rolle. Er befasste sich intensiv mit deren Entwicklung. Liebknecht berichtete darüber:

"(...) Marx spottete der siegreichen Reaktion in Europa, welche sich einbilde, die Revolution erstickt zu haben, und die nicht ahne, daß die Naturwissenschaft eine neue Revolution vorbereite. Der König Dampf, der im vorigen Jahrhundert die Welt umgewälzt, habe ausregiert, an seine Stelle werde ein noch ungleich größerer Revolutionär treten: *der elektrische Funke*. Und nun erzählte mir Marx, ganz Feuer und Flamme, daß seit einigen Tagen in Regent´s Street das Modell einer elektrischen Maschine ausgestellt sei, die einen Eisenbahntrain ziehe. (...) {Zehn Jahre zuvor , 1845, war Marx noch mit der Postkutsche von Paris nach Brüssel gereist.} ´Der ökonomischen Revolution muß mit Notwendigkeit die politische folgen, denn sie ist nur deren Ausdruck.´

In der Art, wie Marx diesen Fortschritt der Wissenschaft und Mechanik besprach, trat seine Weltanschauung und namentlich das, was man später als die *materialistische Geschichtsauffassung* bezeichnet hat, (...) klar zutage, (...)."

{Liebknecht wollte mit seinen Texten die Entstehung eines Karl-Marx-Mythos bewirken.}

Wilhelm Liebknecht schilderte bewundernd Marx´ vorbildhaften Einfluss auf die Kommunisten während der 1850er Jahre. "Lernen! Lernen! Das war der kategorische Imperativ, den er uns oft genug laut zurief, der aber auch schon in seinem Beispiel, ja in dem bloßen Anblick dieses stets mächtig arbeitenden Geistes lag.
Während die übrigen Flüchtlinge Pläne zum Weltumsturz schmiedeten und (...) mit dem Haschischtrank des: ´Morgen wird es losgehen!´ sich berauschten - saßen wir (...) auf dem Britischen Museum und suchten uns auszubilden (...) für die Kämpfe der Zukunft."

"Eine psychologische Studie Balzacs (...) machte tiefen Eindruck auf ihn, weil sie zum Teil Gefühle beschrieb, die er selbst empfunden: Ein genialer Maler ist so von dem Drang gequält, die Dinge genauso wiederzugeben, wie sie sich in seinem Gehirn spiegeln, daß er an seinem Bild immer wieder feilt und retuschiert, bis er schließlich nichts geschaffen hat als eine formlose Farbenmasse, die jedoch in seinen Augen die vollkommenste Wiedergabe der Wirklichkeit ist. (...)",
erinnerte sich Lafargue.

"Auch beim Spazierengehen hatte er sein Notizbuch bei sich, und jeden Augenblick machte er Einträge. Und sein Arbeiten war nie oberflächlich. Arbeiten und arbeiten ist zweierlei. Er arbeitete stets intensiv, stets gründlich.

Von seiner Tochter Eleanor habe ich eine Geschichtstabelle erhalten, die er sich entworfen hatte, um einen Überblick über irgendeine nebensächliche Anmerkung zu gewinnen. Freilich, Nebensächliches gab es für Marx nicht und diese Tabelle für seinen augenblicklichen Privatgebrauch ist mit einem Fleiß und einer Sorgfalt hergestellt, als wäre sie für den Druck bestimmt."

Engels äußerte sich 1860 zornig über Marx´ Zaudern:

"(...) niemand ist schuld daran als der Herr Mohr

[= Marx] selber mit seiner Gründlichkeit, (...) Wir machen immer die famosesten Sachen, aber wir sorgen stets dafür, dass sie nie zur rechten Zeit kommen, und so fallen sie alle ins Wasser."

2.12 Familie Jenny und Karl Marx

"Selten hat jemand in seiner bescheidenen Einrichtung so freudig empfangen wie die Frau von Marx und selten ist es jemandem gelungen, bei aller Einfachheit Gesten, Benehmen und äußere Erscheinung einer - wie die Franzosen sagen - ´grande dame´ zu bewahren",

erinnerte sich Maksim Kovalevskij 1909.

Jenny Marx stand zu ihrem Mann, trotz all seiner Allüren und teilte seine Weltanschauung. {Nur einmal soll sie sich, wegen eines gewaltigen "Krachs", für ein paar Wochen von ihm getrennt haben. - Ein Gerücht}

Es gab Leidenschaft und Liebe, wie Briefe beweisen:

"Ach Herzchen wie Du mich (...) so ansahst, und dann rasch wegkucktest, an dann wieder hin, und ich gerade so bis man sich zuletzt ganz lang und ganz tief ansah und nicht mehr wegsehen konnte."
Jenny an Karl, 1835

"Mein Herzensliebchen,

(...) Ich habe Dich leibhaftig vor mir, und ich trage dich auf den Händen, und ich küsse dich von Kopf bis Fuß, und ich falle vor dir auf die Knie, und ich stöhne: "Madame, ich liebe Sie." Und ich liebe sie in der Tat, mehr als der Mohr von Venedig je geliebt hat. (...)

135

Wer von meinen vielen Verleumdern und schlangen-
züngigen Feinden hat mir je vorgeworfen, daß ich berufen sei, eine erste Liebhaberrolle auf einem Theater
zweiter Klasse zu spielen? Und doch ist es wahr. (...)
Ade, mein süßes Herz. Ich küsse dich viel tausendmal
und die Kinder.

Dein Karl"   Karl an Jenny Marx, 21. Juni 1856

"Diese Liebe bestand alle Proben eines ununterbro-
chenen Lebenskampfes. Ich habe selten eine so glück-
liche Ehe gekannt, in welcher Freud´ und Leid, das
Letztere in reichlichstem Maße, geteilt, und aller
Schmerz in dem Bewusstsein vollster, gegenseitiger
Angehörigkeit überwunden wurde."

Sie heirateten, seit 1836 verlobt, erst 1843, nach
Beendigung seiner Tätigkeit für die *Rheinische Zeitung*.
(Kap. 1.7)

Vier ihrer sieben Kinder starben früh:

Jenny	1844 –	1883	
Laura	1845 -		1911
Edgar "Musch"	1847 – 1855		
Guido "Föxchen"	1849 – 1850		
Franziska	1851 – 1852		
Eleanor "Tussy"	1855 -	1898	
kein Name	1857 gestorben am Tag der Geburt: 6.7.1857		

Eleanor Marx schilderte eine sehr oft erzählte Familienanekdote so:

"In den ersten Jahren seines Aufenthalts hier in London sah er [= Marx] sich einmal genötigt (...) zu dem Pfandleiher zu gehen. Er brachte etwas von dem sehr schönen und wertvollen Silberzeug meiner Mutter. Es waren namentlich schwere silberne Löffel (...) und alle mit der Krone der Argylles und deren Familienmotto: ´Wahrheit ist mein Wahlspruch´ (...).

Der Pfandleiher war so verblüfft, solch seltenes und wertvolles Silberzeug in dem Besitz eines so wild aussehenden *foreigners* mit struppigem schwarzem Bart zu sehen, daß er Mohr verhaften lassen wollte, der nur mit vieler Mühe und knapper Not der Verhaftung entging. Seine Adresse wurde genau aufgeschrieben und zweifellos zog die Polizei auch die nötigen Erkundigungen ein (...)"

Seine Töchter " nannten ihn nicht Vater, sondern ´Mohr´, ein Spitzname, den er wegen seines brünetten Teints und seines ebenholzschwarzen Haupt- und Barthaars erhalten."

(...) "Wem aber die Gabe versagt ist, mit Geld umzugehen, der scheint es schwer zu lernen, selbst nicht in solch harter Schule. Die Marxschen Damen wollten nun seinen [= Liebknechts] Kindern eine Weihnachtsfreude bereiten und schickten ihnen sehr große Puppen, denen sie viele schöne Kleider aus vorzüglichen Stoffen angefertigt hatten. Die Kinder freuten sich sehr, aber Frau Liebknecht hätte diese Stoffe lieber für die Kinder selbst verwendet, denen es am nötigsten fehlte",

merkte Franziska Kugelmann an.

"Als Gatte und Familienvater ist Marx, trotz seines sonst unruhigen und wilden Charakters, der zarteste und zahmste Mensch. Marx wohnt in einem der schlechtesten, folglich auch billigsten Quartiere von London. Er bewohnt zwei Zimmmer (...)",

berichtete ein preußischer Spitzel.

Frau Jenny Marx

"Sie hatte, einer aristokratischen Familie entstammend (...) ein unverzeihliches Verbrechen gegen ihre Kaste begangen, als sie den genialen Mann heiratete, der nun ihr Gatte war."

(Henry Hyndman)

„Sein Leben lang war Marx nicht mit Glücksgütern gesegnet, nicht selten war er in Geldnot, aber Jenny verhielt sich mit fröhlicher, philosophischer Gelassenheit zu diesen Widrigkeiten des Schicksals und war nur darauf bedacht, daß ihr ´lieber Karl´ nicht zu viel Zeit darauf verschwenden musste, für den Lebensunterhalt zu sorgen. (...)"

(Maksim Kovalevskij)

"Sie [= Jenny Marx] war für die Sache der Arbeiterbewegung voller Begeisterung und jeder, selbst der
kleinste Erfolg im Kampf gegen die Bourgeoisie verur-
sachte ihr die größte Genugtuung und Freude. (...) Auch
die drei Töchter von Marx nahmen schon von früher
Jugend an das innigste Interesse an der modernen
Arbeiterbewegung (...)"

Jenny Marx "lebte in den Ideen ihres Mannes, sie ging
dabei ganz und gar in der Sorge für die Ihrigen auf und
war doch so himmelweit von der strumpfstrickenden,
den Kochlöffel rührenden deutschen Hausfrau entfernt."   (Friedrich Leßner)

Bei der Silvesterfeier 1847 der Deutschen Arbeitergesell-
schaft in Brüssel mit 130 Teilnehmer*Innen glänzte sie mir
ihrem Deklamationstalent.

Während eines Besuchs in Trier schrieb sie ihrem Mann
einen Brief mit diesen ironischen Bemerkungen:
Für die Frau "lob´ ich mir, das miserable Deutschland.
Da macht einem so ein Kind noch Ehre, der Kochlöffel
und die Nadel zieren noch etwas und außerdem hatte
man doch noch die Beruhigung erfüllter Pflicht zum
Lohn für die verwaschenen, vernähten (...) Tage, in
seinem Herzen."
Doch ihre Einstellung hätte sich geändert. Sie habe
„Momente zu Anflügen von (...) Egoismus in sich ver-
spürt, seitdem hat man auch keinen Trieb mehr zu den
kleinlichen Pflichten des Lebens. Man will auch genie-

ßen und sich betätigen und the happiness of mankind an sich selbst erfahren."

Henry Hyndman gab folgende Information weiter: "Meine Frau hörte von Frau Marx viel über Marx, was ihn in unseren Augen in viel engere Verbindung mit dem alltäglichen Leben der gewöhnlichen Sterblichen brachte."

Feiertage und Wochenend-Ausflüge

"Marx liebte es auch noch mit grauem Bart, das Neujahr durch einen Tanz mit seiner Frau oder mit der Freundin von Engels einzuleiten. Ich war einst selbst anwesend, als er mit seinen Damen äußerst behänd unter den Klängen eines feierlichen Marsches dahinschritt."   (Maksim Kovalevskij)

"Im Prinzip sollten die Shakespeare-Lesungen alle vierzehn Tage stattfinden, und zwar jedesmal im Hause eines anderen Mitglieds. Tatsache aber war, daß sie häufiger als irgendwo sonst im Haus der Familie Marx gehalten wurden.
Karl Marx war, wie alle anderen Mitglieder seiner Familie, ein treuer Bewunderer des Dichters, und er liebte es, seinen Schauspielen zuzuhören. (...) Nie übernahm er selber eine Rolle. Diese Enthaltsamkeit kam den Aufführungen vielleicht eher zugute, denn seine

Stimme war guttural und sein deutscher Akzent war ausgeprägt." (Marian Comyn)

Stephan Born berichtete: "An der Schwelle des (...) Jahres 1848 versammelte man (der deutsche Verein in Brüssel) sich sogar zu einem gemeinsamen Abendessen. Ein von mir verfaßtes (...) sozial-politisches Festspiel wurde aufgeführt. Unter den Anwesenden befand sich Marx mit seiner Frau und Engels mit seiner - Dame. Die beiden Paare waren durch einen großen Raum voneinander getrennt.
Als ich zu Marx herankam, um ihn und seine Frau zu begrüßen, gab er mir durch einen Blick und ein vielsagendes Lächeln zu verstehen, daß seine Frau eine Bekanntschaft mit jener - Dame auf das strengste ablehnte. In Fragen der Ehre und Reinheit der Sitten war die edle Frau intransingent.

(...) Es war jedenfalls überkühn von Engels, durch die Einführung seiner Mätresse in diesen meist von Arbeitern besuchten Kreis an einen, den reichen Fabrikantensöhnen so oft gemachten Vorwurf zu erinnern, daß sie die Töchter des Volkes in den Dienst ihrer Freuden zu ziehen wissen. (...)"

"Und ein Sonntag in Hampstead Heath war das höchste Vergnügen für uns. ... Schon die Reise hin war ein Fest... Von Dean Street, wo Marx´ wohnten ... war es gut Fünfviertelstunden, und in der Regel wurde schon vormittags gegen 11 Uhr aufgebrochen... (Der Korb) steht oder hängt vielmehr vor meinem ´geistigen Auge´ so lebendig, so leibhaftig, so anziehend, so appetitlich, als hätte ich ihn gestern zum letzten Mal an Lenchens Arm gesehen. Er war nämlich das Proviantmagazin... das brave Lenchen das für uns oft ausgehungerte und darum immer hungrige Gäste ein mitleidiges Herz in der Brust hatte. Ein mächtiger Kalbsbraten war das durch Tradition geheiligte Hauptstück für den Sonntag in Hampstead Heath... (...)

Der Marsch selbst vollzog sich meist in folgender Ordnung. Als Vorhut ging ich mit den zwei Mädchen voran - bald Geschichten erzählend, bald freie Turnübungen machend, bald auf der Jagd nach Feldblumen...

Hinter uns einige Freunde. Dann das Gros der Armee: Marx mit seiner Frau und irgendeinem Sonntagbesuch, der eine gewisse Aufmerksamkeit erheischte. Und hinter diesen Lenchen mit dem hungrigsten der Gäste, der ihr den Korb tragen half.

Waren wir oben auf dem Heath angekommen, so wurde zunächst eine Stelle ausgesucht auf der wir unsere Zelte aufschlagen konnten ... aber nachdem sie an Speise und Trank sich gelabt - suchten die Gefährtinnen und Gefährten eine möglichst bequeme Lager- oder Sitzstelle; und war diese gefunden, so holte jeder und jede - vorausgesetzt, daß ein Schläfchen nicht vorgezogen ward - die unterwegs gekauften Sonntagsblätter aus der Tasche, und nun begann das Lesen und Politisieren - während die Kinder, die rasch Kameraden fanden, hinter den Ginsterbüschen Versteckens spielten.

Doch in die Sanftlebigkeit musste auch Abwechslung gebracht werden, und dann wurden Wettrennen abgehalten, mitunter auch Wettringen, Steinstoßen oder sonstiger Sport. Eines Sonntags entdeckten wir ... einen Kastanienbaum mit reifen Früchten: ´Wir wollen sehen, wer die meisten herunter wirft!´ ... Mohr war wie toll ... erst als die letzte Kastanie unter wildem Triumphgeschrei erbeutet war, hörte das Bombardement auf.

Marx konnte acht Tage lang seinen rechten Arm nicht bewegen. Und mir ging es nicht besser." Beim Eselreiten amüsierte Marx alle: Er konnte nicht gut reiten, beteuerte aber, ein guter Reiter zu sein.
"Der Heimweg ... war stets sehr lustig (...) Die Kinder ... bildeten den Nachtrab zusammen mit Lenchen, das nach dem geleerten Handkorb leichten Fußes und Gepäcks sich ihrer annehmen konnte. Gewöhnlich wurde ein Lied angestimmt... meist Volkslieder... Von Politik durfte auf dem Marsch sowenig gesprochen werden wie von der Flüchtlingsmisere.

Dagegen sprach man viel von Literatur und Kunst, und da hatte dann Marx Gelegenheit, sein riesiges Gedächtnis zu zeigen. Er deklamierte lange Passagen aus der Divina Commedia ... und Szenen aus Shakespeare, wobei seine Frau ... ihn oft ablöste. ...*Faust* war sein deutsches Lieblingsgedicht."   (Wilhelm Liebknecht)

Wohnen

"(...) In der ganzen Wohnung ist nicht ein reines und gutes Stück Möbel zu finden, alles ist zerbrochen, zerfetzt und zerlumpt, überall klebt fingerdicker Staub, überall die größte Unordnung.
(...) Wenn man bei Marx eintritt, werden die Augen von dem Steinkohlen- und Tabaksqualm derart umflort, daß man im ersten Augenblick wie in einer Höhle herumtappt, bis (...) man wie im Nebel einige Gegenstände ausnimmt. Alles ist schmutzig, alles voll Staub (...) ...dann Spielsachen der Kinder, das Fetzenwerk des Nähzeugs seiner Frau, dann einige Teetassen mit abgebrochenen Rändern, schmutzige Messer, Löffel, Gabeln, Leuchter, Tintenfaß, Trinkgläser, holländische Tonpfeifen, Tabakasche, mit einem Wort alles drunter- und drübergehäuft, und alles dies auf einem einzigen Tisch",

berichtete ein preußischer Spitzel.

Über das schwierige Leben im Londoner Exil berichtete Jenny Marx:

"Im Frühjahr 1850 wurden wir gezwungen, unser Haus in Chelsea zu verlassen. Mein armes kleines Föxchen kränkelte beständig, und die vielen Sorgen um das tägliche Leben zehrten auch sehr an meiner Gesundheit. Von allen Seiten gedrängt und von Gläubigern verfolgt, bezogen wir für eine Woche ein deutsches Hotel im Leicester Square, aber unseres Bleibens war hier nicht lange. Eines Morgens kündigte der brave Wirt uns das

Frühstück auf, und wir hatten uns nach einer anderen Wohnung umzusehen.

Die kleine Hilfe meiner Mutter rettete uns oft vor der bittersten Not. In dem Hause eines jüdischen Spitzenhändlers fanden wir zwei Zimmer, in denen wir mit unseren vier Kindern uns den Sommer hindurchquälten."

1861 freute sich Jenny Marx über eine "bürgerliche" Phase des Familienlebens. "Mit den paar hundert Talern, die mein Mütterchen (...) hinterlassen hatte, richteten wir uns ein kleines Häuschen (...) ein, das wir noch heute bewohnen. Es ist eine wahrhaft prinzliche Wohnung, verglichen mit all unseren früheren Löchern, und obgleich die sämtlichen Einrichtungen von Kopf bis Fuß nicht viel über 40 Pfund kamen (...), so kam ich mir im Anfang in unserem jungen [Wohnzimmer] ganz großartig vor.

Sämtliche (...) Überreste früherer Größe wurden aus ´des Onkels´ Händen befreit und ich zählte mit Lust wieder einmal die Damastservietten, die noch alten schottischen Ursprungs waren.

Obgleich die Herrlichkeit nicht lange dauerte, denn bald musste ein Stück nach dem anderen wieder ins ´Pop-Haus´ wandern (so nennen die Kinder den geheimnisvollen Drei-Kugel-Shop), und freuten wir uns doch einmal recht in unserer bürgerlichen Behäbigkeit."

"(...) Wir segelten mit vollen Segeln in das Philistertum hinein. Da war noch derselbe kleine Druck (...) dasselbe intime Verhältnis mit den rettenden drei Kugeln - aber der Humor war dahin. Den wirklichen Druck des Exils spürte ich erst in dem ersten Stadium unseres bürger-lich-honetten Philisterlebens. (...) Schon der Kinder we-gen mussten die ebenen Wege des geregelten, respek-tablen Bürgerlebens eingeschlagen werden."

Kinder

"Aber erst in seinem Verkehr mit Kindern offenbaren sich die köstlichsten Seiten von Marxens Charakter. (...) Ich erinnere mich, wie ich beiläufig drei Jahre alt war und Mohr (...) mich auf seiner Achsel in unserem kleinen Garten (...) herumtrug und Wildlingsblüten in meine braunen Locken steckte. Mohr war sicherlich ein präch-tiges Pferd; mir wurde erzählt, daß meine älteren Ge-schwister (...) Mohr an einige Sessel schirrten, sich selbst draufsetzten und ihn nun ziehen ließen. In der Tat hat er einige Kapitel des Achtzehnten Brumaire (...) in seiner Eigenschaft als Hühpferd seiner drei kleinen Kinder geschrieben, die hinter ihm auf Stühlen saßen und auf ihn lospeitschten.

Ich für meinen Teil (...) zog Mohr als Reitpferd vor. Auf seiner Schulter sitzend, die Hände in seiner dichten Mähne vergraben, die damals noch schwarz war mit einem Stich ins Graue, galoppierte ich am liebsten in unserem kleinen Garten herum und über die Felder (...)"

Eleanor Marx erinnerte sich weiter: "Meinen Schwestern (...) erzählte er Geschichten während der Spaziergänge, und diese Geschichten wurden nicht in Kapitel, sondern nach Meilen eingeteilt. ´Erzähle uns noch eine Meile!´ verlangten die zwei Mädchen.

Was mich angeht, so liebte ich von all den unzähligen wunderbaren Geschichten, welche mir Mohr erzählte, am allermeisten die Geschichte von Hans Röckle. Sie dauerte Monate und Monate; denn es war eine lange, lange Geschichte und endete nie. Hans Röckle war ein Zauberer, (...) der einen Spielwarenladen hatte und viele Schulden. (...)

Nie klagte Mohr über meine Unterbrechungen, obwohl es sehr störend für ihn gewesen sein muß, sein ewig plauschendes Kind um sich zu haben, während er an seinem großen Werk arbeitete."

Marx las seinen Töchtern Homer vor, das Nibelungenlied, Gudrun, Don Quijote und Tausendundeine Nacht sowie Shakespeare.

"Er [= Marx] bemerkte oft, daß ihm am Christus der Bibel am besten dessen große Kinderfreundschaft gefalle." (Friedrich Leßner)

"Hierbei wurde ich sehr angenehm überrascht zu sehen, mit welcher Herzlichkeit und Zärtlichkeit Marx, der zu jener Zeit überall als der schlimmste Menschenfeind verschrien war, mit beiden Enkelkindern zu spielen verstand und mit welcher Liebe diese an dem Großvater hingen." (August Bebel, 1880)

Lenchen (Helene Demuth)

Lenchen, das Dienstmädchen, war untrennbar mit dem Marx´schen Haushalt verbunden. Seit April 1845 arbeitete sie dort und war Jenny und Karl Marx bis zu deren Lebensende treu ergeben:

"In einer Bauernfamilie geboren, war sie noch ganz jung, fast ein Kind, lange vor der Verheiratung der Frau Marx als Dienstmädchen zu ihr gekommen. Als dieselbe sich verheiratete, verließ Helene sie nicht, sie widmete sich vielmehr der Familie Marx mit einer solchen Hingabe, daß sie sich selbst völlig vergaß. Sie begleitete Frau Marx und deren Mann (...) und teilte ihre Ausweisungen. Sie war der praktische Hausgeist, der sich in den schwierigsten Liebenslagen zurechtzufinden wußte.

Ihrem Ordnungssinn, ihrer Sparsamkeit, ihrem Geschick ist es zu verdanken, daß die Familie wenigstens das Allernötigste nie zu entbehren hatte. (...) sie kochte und besorgte das Hauswesen, sie kleidete die Kinder an und schnitt die Kleidungsstücke zu, welche sie zusammen mit Frau Marx nähte. (...)

Die Kinder liebten sie wie eine Mutter (...) Frau Marx betrachtete Helene wie eine intime Freundin, und Marx hegte für sie eine besondere Freundschaft; er spielte Schach mit ihr (...)

Helenes Liebe für die Familie Marx war blind (...), wer Marx kritisierte, der hatte es mit ihr zu tun."

schrieb Paul Lafargue über sie.

Zu ihrem unehelichen Sohn Henry Frederik Demuth (23.6. 1851 . - 18.1.1929) siehe Kap. 2.5 .
Nachdem Jenny und Karl Marx gestorben waren, arbeitete Helene Demuth für Friedrich Engels. Sie selbst starb 1890 und wurde im Marx´schen Familiengrab beigesetzt.

2.13 Der Chaot Karl Marx

"(...) aber er vollendet nichts, er bricht überall ab und stürzt sich immer von neuem in ein endloses Büchermeer. [...] Marx ist [...] gereizter und heftiger, am meisten, wenn er sich krank gearbeitet und drei, ja vier Nächte hintereinander nicht ins Bett gekommen ist",

schrieb Arnold Ruge 1844.

Marx konnte die Strukturiertheit seines Denkens nicht auf die Gestaltung seines Alltags übertragen. Lebenspraktischen Problemen stand er oft hilflos gegenüber. Einiges aus dem folgenden Spitzelbericht über Karl Marx dürfte übertrieben sein (London):

"Im Privatleben ist er ein höchst unordentlicher, zynischer Mensch, ein schlechter Wirt, er führt ein wahres Zigeunerleben. Waschen, Kämmen und Wäschewechsel gehört beim ihm zu den Seltenheiten; er berauscht sich gern."

Oft faulenzt er tagelang, hat er aber viel Arbeit, dann arbeitet er Tag und Nacht mit unermüdlicher Ausdauer fort; eine bestimmte Zeit zum Schlafen und Wachen gibt es bei ihm nicht; sehr oft bleibt er ganze Nächte auf, dann legt er sich wieder mittags ganz angekleidet aufs Kanapee und schläft bis abends, unbekümmert um die ganze Welt, die bei ihm frei aus- und eingeht. (...)

... dort spielen die Kinder und machen ihre Küche auf einem anderen Stuhl, der zufällig noch ganz ist. Richtig, den trägt man dem Besucher an, aber die Kinderküche wird nicht weggeputzt, setzen Sie sich, so riskieren Sie ein Paar Beinkleider. Alles dies bringt aber Marx und seine Gattin durchaus in keine Verlegenheit. (...) Eine geistreiche Konversation ersetzt endlich die häuslichen Mängel, macht das Ungemach erst erträglich."

Eigenwillig bestimmte Marx das Tempo und erst recht die Inhalte seines Schreibens. Heinrich Bürgers zählte vier Projekte auf, die Marx im Herbst 1844 gleichzeitig verfolgte:
"Marx hatte schon damals sehr eingehende Forschungen im Gebiete der volkswirtschaftlichen Literatur angestellt und trug sich mit dem Plane eines kritischen Werkes, das die Grundlage zu einem Neuaufbau der ökonomischen Wissenschaft bilden sollte.
Gleichzeitig hatte er die Geschichte des französischen Nationalkonvents studiert und sich daraus die Doktrin von dem politischen Kampfe des Proletariats abstrahiert,

Indessen, die scharfe Selbstkritik, die er gegen sich zu üben gewohnt war, ließ ihn nicht zu dem größeren Werke kommen und als ich ihn kennenlernte, war er mit einer polemischen Schrift gegen Bruno Bauer beschäftigt, (...)

Viertens entwarf Marx eine "Kritik gegen die nationalökonomische Theorie Proudhons, dessen „Contradictions *économciques ou philosohphie de la misére"* er nachher in einer französischen Gegenschrift als *„Misére de la philosophie"* bekämpfte."

30 Jahre später zeigte Marx ein ähnliches Verhalten. Franziska Kugelmann berichtet über eine Auseinandersetzung ihres Vaters mit Karl Marx im Jahre 1874.
Zum Zusammenhang: Sieben Jahre vorher war der erste Band des *Kapitals* erschienen, die Veröffentlichungen des zweiten und des dritten Bandes waren angekündigt.

"Ganz plötzlich aber, (...) nach einem längeren Spaziergang (...) entstand ein Bruch zwischen beiden, der nie ausgeglichen wurde. Mein Vater hat nur andeutungsweise darüber gesprochen. Anscheinend versuchte er Marx zu bewegen, sich aller politischen Propaganda zu enthalten und vor allem den dritten Band des Kapitals zu schreiben. Mein Vater war der Ansicht, daß nicht nur die kostbare Zeit nutzlos verschwendet würde, sondern auch, daß Marx kein organisatorisches Talent habe. (...) das ertrug Marx von dem so viel jüngeren Freunde nicht, erschien ihm als ein Eingriff in seine Freiheit."

Wer sich mit Marx´ Finanzen befasst, stellt schnell fest, dass weder Karl noch Jenny Marx mit Geld umgehen konnten. "Das Talent, sparsam und praktisch in Geldausgaben zu sein, fehlte der ganzen Familie Marx", merkte Franziska Kugelmann an.

Ein herausragendes Beispiel war das Verhalten des Ehepaares Marx im Jahr 1864. Finanziell handelte es sich um ein erfreuliches Jahr für die Familie. Nach dem Tod seiner Mutter 1863 erbte Karl Marx endlich den kompletten Teil des ihm zustehenden Vermögens seiner Eltern.

Zusätzlich vererbte ihm 1864 Wilhelm Wolff, ein guter Freund sein ganzes Vermögen, das umgerechnet etwa 90.000 engl. Pfund betrug. Wie gingen Karl und Jenny Marx mit dieser Summe um?
Sie mieteten sich ein größeres Haus, statteten es mit neuen Möbeln aus und leisten sich den Luxus von zwei Dienstmädchen. Nur ein Jahr später mussten sie erneut Teile ihres Besitzes zum Pfandleiher bringen.

Wie wenig der großartige Theoretiker von den praktischen Dingen des Lebens wusste, zeigt ein dramatisches Ereignis aus dem Jahr 1845:
Der bekannte Dichter Heinrich Heine musste Marx´ erster Tochter das Leben retten. "Die kleine Jenny Marx, ein Säugling von einigen Monaten, wurde eines Tages von heftigen Krämpfen befallen, die das Kind zu töten drohten. Marx, seine Frau, und ihre getreue Gehilfin und Freundin, Helene Demuth, standen verzweifelt und ratlos um die Kleine herum.
Da kam Heine, sah sie an und sagte: ´Das Kind muss in ein Bad.´ Mit eigener Hand richtete er das Bad her, legte das Kind hinein und rettete, wie Marx sagte, Jennys Leben."

2.14 „*Das Kapital*"

Jenny Marx schrieb: "Wenn die Arbeiter eine Ahnung von der Aufopferung hätten, die nötig war, dies Werk, das nur für sie und in ihrem Interesse geschrieben, zu vollenden, so würden sie vielleicht etwas mehr Interesse zeigen."

Marx widmete *"Das Kapital   Kritik der politischen Ökonomie, Erster Band   Der Produktionsprozess des Kapitals"* seinem Mitstreiter Wilhelm Wolff. 1864 hatte der ihm 843 englische Pfund vererbt.
Das Marx und seinen treuen Anhängern so wichtige Werk fand nicht die erhoffte Auflagenstärke. Sein Potential wurde wie die des *"Kommunistischen Manifests"* erst später erkannt.
"Wissen Sie, wieviel Kapital ich mit dem ´Kapital´ erworben habe?", fragte er [= Marx, im Jahre 1870] einmal und zählte die Einkünfte aus dem 1. Buch zusammen: ´Ganze 85 Mark!´ ",

berichtete German A. Lopatin.

Der Veröffentlichung des *"Kapitals "* im Jahre 1867 waren 20 Jahre Arbeit vorausgegangen. 1859 war in einem ersten Anlauf Marx´ *"Zur Kritik der politischen Ökonomie"* veröffentlicht worden.
"Das Kapital" erhob den Anspruch, mehr zu sein als eine der vielen Kritiken am Kapitalismus. Marx wollte nachweisen, dass der Kapitalismus in absehbarer Zukunft untergehen musste.

Wichtigster Mitarbeiter beim Schreiben des *"Kapitals"* war Friedrich Engels. Der hatte für das *"Kapital"* eine Reihe von Informationen und Statistiken zusammengestellt, wirkte als Lektor und schlug leserfreundliche Änderungen vor. Das Ergebnis dieses jahrelangen Arbeitsprozesses war der Grundtext des wissenschaftlichen Sozialismus. Er beeinflusste das politische Denken Europas und der von Europa geprägten Kulturkreise.

Im *"Kapital"* verknüpfte Marx *materialistische Geschichtstheorie* {Klassenkampf führt zum Aufstieg der Menschheit} mit *Kritik der kapitalistischen Zivilisation* {Ausbeutungs- und Entfremdungsthese} sowie dem *Aufruf* zu revolutionärem Handeln und der *Voraussage,* dass der Kommunismus der letzte historische Abschnitt sein werde.

Dreh- und Angelpunkt des Werkes war die Mehrwerttheorie.
Marx führte dazu ein praktisches Beispiel an: Die Arbeiter in einer Fabrik produzieren in sechs Stunden genug, um mit dem Tauschwert ihren Lebensunterhalt zu decken. Da sie aber zwölf Stunden arbeiten, streicht der Kapitalist den Tauschwert der Produktion der anderen sechs Stunden als Gewinn ein.
Während der Fabrikbesitzer den Mehrwert für sich behält, werden die Arbeiter ihrer eigenen Arbeit und durch die geringe Bezahlung ihrer Menschlichkeit entfremdet.

Wer *"Das Kapital"* lesen will, muss sich durch hartes Brot beißen. Verständnis für dieses Werk vermittelt auch heute noch der *"Anti-Dühring."* 1877 veröffentlichen Engels und Marx ihre Streitschrift gegen den sie heftig provozierenden Professor Eugen Dühring.

Die Wirkung des Buches mit dem genauen Titel *"Herrn Eugen Dührings Umwälzung der Wissenschaft"* erklärte der Schriftsteller Karl Kautsky so: Es gibt "kein Buch, das für das Verständnis des Marxismus so viel geleistet hätte wie dieses. Wohl ist das Marxsche *Kapital* gewaltiger. Aber erst durch den *Anti-Dühring* haben wir *Das Kapital* richtig lesen und verstehen gelernt."

Einblicke in *"Das Kapital"*

Marx recherchierte für sein Hauptwerk akribisch und ließ die Leser*Innen an jedem ihm notwendig erscheinenden Gedankengang teilhaben. Um deren Verständlichkeit zu erhöhen, wurde im Anhang des *"Kapitals"* ein Verzeichnis der verwendeten Terminologie abgedruckt.

Im Folgenden werden die Abschnitte des *Kapitals* aufgezählt und das Kapitel 23 genauer vorgestellt.

Die sieben Abschnitte des ersten Buches "Der Produktionsprozess des Kapitals" (ca. 770 Seiten, je nach Ausgabe):

1. Ware und Geld   (115   Seiten)
2. Die Verwandlung von Geld in Kapital   (30   Seiten)
3. Die Produktion des absoluten Mehrwerts (145 Seiten)
4. Die Produktion des relativen Mehrwerts   (200 Seiten)
5. Die Produktion des absoluten und relativen
           Mehrwerts   (20 Seiten)

Als Einblick in Marx´ Hauptwerk diene ein Blick das 23. Kapitel *"Das allgemeine Gesetz der kapitalistischen Akkumulation"*.

Der erste Absatz

"Das allgemeine Gesetz der kapitalistischen Akkumulation

> 1. Wachsende Nachfrage nach Arbeitskraft mit der Akkumulation, bei gleichbleibender Zusammensetzung des Kapitals

---

Wir behandeln in diesem Kapitel den Einfluß, den das Wachstum des Kapitals auf das Geschick der Arbeiterklasse ausübt. Der wichtigste Faktor bei dieser Untersuchung ist die Zusammensetzung des Kapitals und die Veränderungen, die sie im Verlauf des Akkumulationsprozesses durchmacht.

Die Zusammensetzung des Kapitals ist in zweifachem Sinne zu fassen. Nach der Seite des Werts bestimmt sie sich durch das Verhältnis, worin es sich teilt in konstantes Kapital oder Wert der Produktionsmittel und variables Kapital oder Wert der Arbeitskraft, Gesamtsumme der Arbeitslöhne.

Nach der Seite des Stoffs, wie er im Produktionsprozeß fungiert, teil sich jedes Kapital in Produktionsmittel und lebendige Arbeitskraft; diese Zusammensetzung bestimmt sich durch das Verhältnis zwischen der Masse der angewandten Produktionsmittel einerseits und der zu ihrer Anwendung erforderlichen Arbeitsmenge andrerseits. Ich nenne die erstere die Wertzusammensetzung, die zweite die technische Zusammensetzung des Kapitals.

Zwischen beiden besteht enge Wechselbeziehung. Um diese auszudrücken, nenne ich die Wertzusammensetzung des Kapitals, insofern sie durch seine technische Zusammensetzung bestimmt wird und deren Aenderungen widerspiegelt, die organische Zusammensetzung des Kapitals. Wo von der Zusammensetzung des Kapitals kurzweg die Rede ist, ist stets seine organische Zusammensetzung zu verstehn."

Kapitel 23 ist Teil des siebten Abschnitts, der ingesamt fünf Kapitel umfasst (21. bis 25. Kapitel).

Das 23. Kapitel selber hat 110 Seiten und gliedert sich in fünf Teile. Die ersten vier Teile sind zusammen 40 Seiten stark, 1/5 davon sind Fußnoten (Nr. 70 bis Nr. 188b, also ca. 120 Stück).

Marx untersucht die Frage, wie sich die Situation der Arbeiterklasse verändert, wenn das Kapital immer weiter anwächst.

Teil 1
"Wachsende Nachfrage nach Arbeitskraft mit der Akkumulation, bei gleichbleibender Zusammensetzung des Kapitals"

erläutert erstens, dass Arbeitskräfte notwendig sind, um Reichtum zu erhalten und zu vermehren,
zweitens wird de Mandeville zitiert, der feststellt, dass" (...) in einer freien Nation, wo Sklaven nicht erlaubt sind, der sicherste Reichtum aus einer Menge arbeitsamer Armen besteht."
Marx erläutert drittens, dass die Abhängigkeit bleibt, selbst wenn Arbeitskräfte sich bessere Kleidung, Nahrung und Wohnungen leisten könnten.

"Das Gesetz der kapitalistischen Produktion " sei "in letzter Instanz nur das Verhältnis zwischen der unbezahlten und der bezahlten Arbeit derselben Arbeiterbevölkerung."

In Teil 2
        "Relative Abnahme des variablen Kapitalteils
        im Fortgang der Akkumulation
        und der sie begleitenden Konzentration"

erläutert Marx, warum die Zentralisation des Kapitals zum Verlust von Arbeitsplätzen führt. Die Zusammensetzung der Kapitalwerte habe sich verändert. Um 1700 verteilte sich der angelegte Kapitalwert in Spinnereien zur Hälfte auf die Produktionsmittel und zur anderen Hälfte auf die Arbeiter. Aktuell (= 1860er Jahre) verteilten sich 7/8 auf die Produktionsmittel und 1/8 auf die Arbeiter.
Die Industrie sei in der Lage, wissenschaftliche Erkenntnisse in technische Verfahren umzusetzen [unter Ausnutzung natürlicher Rohstoffquellen].

Zwischen den Kapitalisten herrsche Konkurrenz. Für die Unternehmen seien nun auch Kredite und damit Banken entscheidend. Es komme über Aktiengesellschaften {Nur diese könnten gewöhnlich den Bau von Eisenbahnlinien stemmen.} zur Konzentration und schließlich zur Zentralisation des Kapitals. Dadurch mögliche Modernisierungen der Produktionsmittel bewirkten die "Abnahme der Nachfrage nach Arbeit."

In Teil 3
> "Progressive Produktion
> einer relativen Überbevölkerung
> oder industriellen Reservearmee"

schreibt Marx, dass die kapitalistische Produktionsweise ein Zuviel an Bevölkerung benötigt. Sie produziert sie selbst: "Die kapitalistische Akkumulation produziert (...) im Verhältnis zu ihrer Energie und ihrem Umfang beständig eine (...) für die mittleren Verwertungsbedürfnisse des Kapitals überschüssige (...) Arbeiterbevölkerung."
Die Überbevölkerung bildet eine disponible industrielle Reservearmee.

Diese steht erstens zur Verfügung, wenn neue Produktionszweige entstehen oder sich neue Märkte öffnen,

zweitens fängt sie Spitzen der zehnjährigen Wirtschaftszyklen auf. Die Fabrikanten müssen disponible Hände vorfinden, sie müssen fähig sein, die Aktivität ihrer Operationen, wenn nötig, höher zu spannen oder abzuspannen,
oder sie können platterdings nicht in der Hetzjagd der

Konkurrenz das Übergewicht behaupten, auf das der Reichtum des Landes gegründet ist."

Die Armee der Arbeitslosen dient zum Austausch der ungeschickteren Arbeiter durch geschickte, der älteren durch jüngere, der männlichen durch weibliche.
Marx weist darauf hin, dass den Fabrikanten ein gemeinsames Vorgehen von beschäftigten und von arbeitslosen Arbeitern nicht recht sei. Die Ökonomen sähen darin eine Verletzung des "ewigen" Gesetzes von Nachfrage und Zufuhr.

Zu Beginn des 4. Teils

"Vergleichende Existenzformen der relativen Überbevölkerung
Das allgemeine Gesetz der kapitalistischen Akkumulation"

unterscheidet Marx drei Formen der Überbevölkerung.

Fließende Überbevölkerung ist dann vorhanden, wenn Firmen mal Leute entlassen und mal wieder einstellen, z.B. je nach den Erfordernissen des wirtschaftlichen Zyklus. Manchmal sind Arbeiter für die Arbeit in bestimmten Zweigen nicht geeignet oder auch nicht ausgebildet, manchmal körperlich so ausgepowert, dass sie nicht zur Verfügung stehen. {Marx erwähnt in diesem Zusammenhang, dass die Lebenserwartung normaler Bürger in Manchester 38 Jahre beträgt, die der Arbeiter 17 Jahre.}

Latente Überbevölkerung liegt auf dem Land vor. Ständig versuchen Teile der Landbevölkerung Arbeit in der Stadt zu finden.

Die dritte Kategorie, die *stockende Überbevölkerung*, betrifft diejenigen mit unregelmäßiger Beschäftigung.

Unter den Gruppen der Arbeiter liegen zuletzt die Gruppen der Armen. Erstens die Arbeitsfähigen, zweitens Waisen und Kinder aus armen Familien. Sie werden in Zeiten großen Aufschwungs in die aktive Arbeiterarmee übernommen. Drittens gibt es "Verkommene, Verlumpte, Arbeitsunfähige. Zu den letzteren gehören Invaliden."

Nach all diesen Ausführungen formuliert Marx das absolute, allgemeine Gesetz der kapitalistischen Akkumulation:

"Die verhältnissmäßige Größe der industriellen Reservearmee wächst also mit den Potenzen des Reichtums. Je größer aber diese Reservearmee im Verhältnis zur aktiven Arbeiterarmee, desto massenhafter die konsolidierte Überbevölkerung,

deren Elend in umgekehrtem Verhältnis zu ihrer Arbeitsqual steht."

Teil 5 ist die
"Illustration des allgemeinen Gesetzes der kapitalistischen Akkumulation"
und gliedert sich in die Teilstücke:

a) England von 1846 - 1866 (7 S.)
b) Die schlechtbezahlten Schichten der britischen industriellen Arbeiterklasse (10 S.)
c) Das Wandervolk (4 S.)
d) Wirkung von Krisen auf den bestbezahlten Teil der Arbeiterklasse (6 S.)
e) Das britische Ackerbauproletariat (28 S.)

Zum Teil e) zitiert Marx
nach einem allgemeinen Teil   (16 Seiten)
Berichte aus zwölf Grafschaften   (7 Seiten),
um mit einer Zusammenfassung zu enden (5 Seiten).

f) Irland   (13 S.)

Marx geht weniger auf die Verwendung des Gewinns durch
die Kapitalisten ein, sondern schildert (besonders anhand
vieler neutraler Quellen) die Folgen der zu geringen Bezahlung, bezogen auf Ernährung, Hunger, Gesundheit, Krankheiten, Wohnen [z.B. ein Bett für drei Schläfer], Hygiene,
Kleidung, die Situation der ArbeiterInnen.

Irland war ein Sonderfall: eine Million Iren mussten wählen
zwischen Auswanderung oder dem Hungertod. Das bisher
von ihnen bewirtschaftete Land wurde in Weiden für englische Schafe und Rinder umgewandelt.

Marx´ Quellen befanden sich auf der Höhe der Zeit. Das
Buch erschien 1867, Marx bezog sich mehrfach auf Zahlen
aus dem Jahr 1866. - Insgesamt fordert das Studium des
"Kapitals" seinen Leser*innen hohe Konzentration ab.

Späte Anerkennung für *„Das Kapital"*

Den meisten Anklang fand das in Deutsch gedruckte
"Kapital" in Russland. Also wurde es zuerst ins Russische
(1870) übersetzt, erst später ins Französische (1871) und
Englische (1872).
Marx war erstaunt darüber, dass das Kapital in Russland
so viel Anklang fand: Für ihn war Russland Hort der
Reaktion, wo alle liberalen Revolten abgewürgt wurden.
Doch viele junge russische Ökonomen stimmten seiner
Kritik der bürgerlichen Nationalökonomie zu.

163

Die Bände 2 und 3 des *"Kapitals"* wurden erst 1885 und 1894 veröffentlicht, also nach Marx´ Tod (1883).

Die Herausgabe der letzten beiden Bände hatte sich verzögert. Denn Friedrich Engels und seine Mitarbeiter (Bernstein, Kautsky) mussten erst Marx´ Notizen entziffern und ordnen. Karl Marx arbeitete bis zum Ende seines Lebens an der Konstruktion seiner ökonomischen Theorie.
Er studierte die neuesten Bücher, ergänzte seine eigenen Systeme um die gewonnen Erkenntnisse und blieb bis zum Schluss [den er nie fand] bei einigen Punkten und Aussagen unsicher. So fand sein Forschen kein Ende und er mit den Bänden 2 und 3 des *"Kapitals"* keinen Abschluss.

Erst mit dem Aufstieg der Sozialisten zu mächtigen Parteien wurde dem *"Kapital"* seine Bedeutung zugesprochen:
Darwin habe mit der *"Entstehung der Arten"* die Naturwissenschaften umgekrempelt.
Marx habe mit dem *"Kapital"* die Gesellschaftswissenschaften auf eine neue Basis gestellt.

Bei den Neuauflagen des *„Kapitals"* kam es zu Überarbeitungen. Gestritten wird darüber, ob diese zu einer Vervollkommnung der Marx´schen Gedanken führten oder zu einer Popularisierung.

Gleich nach seiner Veröffentlichung fand *„Das Kapital"* gewichtige Kritiker. Genannt sei der Sozialist Eduard Bernstein [= der Theoretiker des "Revisionismus"]. Er, der selber an der Redaktion des "Kapitals" beteiligt war, sah n i c h t die Notwendigkeit einer Revolution.

3 1868 - 1883

Daten

Karl Marx   Wichtige Ereignisse

1867 - 1882   Marx sammelt Material für die Bände 2
                und 3 des *"Kapitals"*

1868   England verweigert Marx die Einbürgerung

1870   Friedrich Engels zieht nach London, wird
                korrespondierender Sekretär der 1. Internationale

                Deutsch Französischer Krieg

1871   Pariser Commune

                "Der Bürgerkrieg in Frankreich" - Marx wird
                bekannt

1872   5. Kongress der 1. Internationale
                [Den Haag], Verlegung nach New York

1875   haben Marx und Engels keinen Einfluss auf die

                Gründung der Sozialistischen
                Arbeiterpartei Deutschlands (in Gotha)

                {1889 bei der Gestaltung des Erfurter
                Programmes hat Engels Einfluss: Er wirkt per
                Korrespondenz auf Wilhelm Liebknecht, August
                Bebel, Eduard Bernstein, Karl Kautsky und Paul
                Singer ein.}

Daten

Karl Marx	Wichtige Ereignisse

1876   Auflösung der 1. Internationale

1877   Marx beteiligt sich mit einem Kapitel an dem *"Anti-Dühring"*

1881   [Dez.] Tod von Marx´ Frau Jenny

1882   Reisen bis nach Algier und Monte Carlo

1883   [Jan.] Tod der Tochter Laura Longuet

(14. März) **Tod Karl Marx**

1885 / 1894   Veröffentlichung der Bände 2 und 3 des *"Kapitals"*

1889   Programm und Gründung der zweiten Internationale

3.1   Die Pariser Commune

Marx schrieb nach Veröffentlichung von *"Der Bürgerkrieg in Frankreich"* an Ludwig Kugelmann *"der bestverleumdete und meistbedrohte Mann von London"* sei zurzeit er selbst. *„Das tut einem wahrhaftig wohl nach der langweiligen zwanzigjährigen Sumpfidylle."*

1878 wurde Marx zu seinem Buch *"Der Bürgerkrieg in Frankreich"* interviewt.

Frage: "Aber Sie haben doch zugunsten der Pariser Kommune geschrieben?"
Marx: " Gewiß habe ich das getan, angesichts dessen, was in Leitartikeln über sie geschrieben wurde. Jedoch die Pariser Korrespondenzen in der englischen Presse widerlegen hinreichend die Behauptungen der Leitartikel über Plünderungen usw.
Die Kommune hat nur ungefähr 60 Menschen getötet. Marschall MacMahon und seine Schlächterarmee haben mehr als 60 000 getötet. Niemals ist eine Bewegung derart verleumdet worden wie die Kommune."

Julius Walther fasste 1875 Meinungen über Karl Marx so zusammen:
"(...) dann malt sich die erschreckte Phantasie des Bourgeois sein Bild in Höllen-Breughel-Manier aus, zeichnet seinen Namen als Menetekel an die Tore der Paläste, an die bürgerlichen Türen (...) und die eisernen Kassen der Besitzenden, und seit den Tagen der Kommune heißt es von ihm :

´Er ist´s, den Mörder Bruder nennen,
Der in des Bürgers Nachtgebet
hart an den Teufel steht.´ "

Weiterarbeit am "Kapital" und die 1. Internationale

Wie sehr sein Arbeiten an den Bänden 2 und 3 des *"Kapital"* in Stocken geraten war, verschwieg Marx seinen Anhängern [besonders Friedrich Engels].

Er hatte neben der Weiterarbeit am *"Kapital"* ein großes Feld von Aufgaben vor sich und konzentrierte sich nicht ungern auf diese Probleme.

Z.B. musste Marx sich auch um Übersetzungen und Neuauflagen des ersten *"Kapital"*-Bandes kümmern.

Er fürchtete auch, seine Ideen könnten von anderen Autoren „gestohlen" werden. Beispielsweise hatte er Lassalle gebeten, für sein Werk in Deutschland einen Verleger zu finden, gleichzeitig aber misstraute er diesem. Ferdinand Lassalle könnte im *"Kapital"* wildern und Marx´ Gedanken als seine eignen ausgeben.

In England übernahm 1881 tatsächlich Henry Mayers Hyndman für sein kommunistisches Credo im Buch *England for All* seitenweise Sätze und Gedanken aus dem *Kapital,* ohne Karl Marx als Autor anzugeben.

Ernest B. Bax verteidigte dieses Verhalten: Hyndman "nannte Marx nicht, weil Engländer ausländische Ideen ablehnten (...)."

Die Übersetzung des *"Kapitals"* ins Französische kostete Marx viel Zeit, wie seine Tochter Jenny berichtete: "Die französische Übersetzung des Kapitals geht langsam voran. (...) Der Übersetzer, ein besonders trübseliger Bursche hat sie kläglich verpfuscht. Unglücklicherweise macht diese Art Korrektur Mohr ebensoviel, wenn nicht mehr Arbeit, als wenn er das ganze Ding selbst geschrieben hätte. Er arbeitet jede Nacht bis zwei oder drei Uhr morgens."

Von Marx wurde aber nicht nur Engagement für das "Das Kapital" erwartet. Einen Großteil seiner Energie forderte die Leitung der *1. Internationale*. Die wuchs ständig an. Als Engels 1870 in die Arbeit des Generalrats einstieg, hatten die in ihr zusammengeschlossenen Verbände die gewaltige Zahl von 800.000 Mitgliedern.

Marx erlangte durch seine Mitgliedschaft im Generalrat der Internationalen Arbeiter-Assoziation einen gewissen Grad an Bekanntheit. Dennoch gehörte er in London [oder anderswo] weder zu den A- noch zu den B-Promis.

Das änderte sich schlagartig, nachdem 1871 sein kleines Buch "Der Bürgerkrieg in Frankreich" veröffentlich wurde. In nur zwei Monaten wurden drei Auflagen gedruckt.
In der Folge verbreitete der Name Karl Marx in bürgerlichen Kreisen Furcht und Schrecken. Denn Marx setzte sich in seinem 40 Seiten langen und in kommunistischer Wolle gefärbten Bericht *"Der Bürgerkrieg in Frankreich"* für die verhasste Pariser Commune ein.

Die *Pariser Commune*

Sie war ein Experiment, das in blutigen Kämpfen endete. Denn keine der beiden Seiten war zu Verhandlungen bereit, jede sah sich absolut im Recht.
Die Stadt Paris löste sich von Frankreich, war eine eigenständige Republik; ganze zehn Wochen lang, vom 18. März bis zum 28. Mai 1871. In diesen wenigen Wochen wurde in Paris eine eigene Verfassung erarbeitet, dazu eine Reihe Gesetze beschlossen und eine eigene Regierung gewählt.

In bürgerlichen Kreisen blieb die *Pariser Commune* bis heute als radikal in Erinnerung. Als z.B. 2019 die Kirche Notre Dame in Paris abbrannte, wurde daran erinnert, dass sie Schreckliches überstanden hatte, so den Zweiten Weltkrieg und auch die *Pariser Commune*.
Die ist als radikales Experiment in Erinnerung. Der Untergang der *Commune* verband sich mit blutigen Kämpfen und einer Reihe von Gräueltaten auf beiden Seiten.

Dabei ließ die französische Nationalregierung deutlich mehr Blut fließen. Etwa 30.000 Frauen und Männer wurden erschossen, 40.000 verhaftet und 10.000 kamen ins Gefängnis, wurden verbannt oder nach Neukaledonien deportiert. [Die Zahlenangaben dazu schwanken.]

Wie kam es zur Bildung der Commune in Paris? Die Zusammenhänge waren komplex. 1870 hatte Frankreich den Krieg gegen Deutschland verloren und musste sich eine neue Regierung geben.
Während dieser Phase der Unsicherheit spielten sich im Zentrum Paris besondere Entwicklungen ab: Viele republikanisch eingestellte Bürger*Innen in Paris hatten sich nie

für Napoleon III. begeistert und fürchten nun, dass schlimmstenfalls ein nächster König das Land regieren würde. Das "progressive" Paris stand gegen das "konservative" Land.

Die Situation eskalierte, als französische Militär im Auftrag der neuen Regierung die Kanonen abholen sollte, die der Stadt Paris gehörten. Nationalgardisten der Stadt, Frauen und Kinder verhinderten das.
Rasch verließen Beamte und Soldaten der französischen Regierung Paris. Die Bürger der Stadt wählten einen Rat, um mit der französischen Regierung zu verhandeln. Im Rat wurden unterschiedlichste Vorstellungen vertreten: den radikalen Jakobiner und Blanquisten standen gemäßigte Föderalisten, demokratische Sozialisten und Proudhonisten gegenüber.

Das gewählte Conseil de la Commune beschloss Maßnahmen zugunsten der einfachen Bevölkerung. Am 19. April versuchte die Commune in der "Erklärung an das französische Volk" ihr Modell zu propagieren.
Die Franzosen in den Departments nahmen die Ideen aus Paris in den seltensten Fällen auf. Der Konflikt zwischen dem Land und seiner Hauptstadt wurde mit Gewalt gelöst, die *Commune* besiegt.

Der in London lebende Marx begeisterte sich über das Entstehen der *Commune*, trotz ihres Scheiterns. Hier hatten Menschen Geschichte geschrieben, von sich aus gehandelt und fortschrittliche Entwicklungen bewirken wollen.
Tatsächlich verdankte die *Commune* ihre Existenz der Initiative ihrer Einwohner. Es gab keine Trennung von Staat und bürgerlicher Gesellschaft: Eine demokratisch gewählte

und funktionierende Körperschaft ersetzte das Parlament. Die Armee war aufgelöst und es gab eine allgemeine Volksbewaffnung.

"Der Bürgerkrieg in Frankreich" fand viele Leser*Innen. Bei seiner Darstellung unterschlug Marx allerdings, dass außer Arbeiter*Innen auch Handwerker und Angestellte zur *Commune* gehörten. Zudem bagatellisierte er die von Mitgliedern der *Commune* verübten Gräuel. Die seien von der Gegenseite provoziert worden.

Gewichtige und meist negative Folgen hatte Marx´ Behauptung, dass die 1. Internationale entscheidenden Einfluss auf die *Commune* hatte, was nicht den Tatsachen entsprach.
In Frankreich stellten Zeitungen den plötzlich prominenten Karl Marx als eine Marionette Bismarcks dar: Der deutsche Reichskanzler wolle Frankreich über Marx und die *Commune* schaden.

Auch Friedrich Engels´ Mutter Elise machte Marx für die *Pariser Commune* verantwortlich. Karl Marx habe ihren Sohn in diese furchtbare Sache hineingezogen. Engels kommentierte das so: "(...) ich erinnere mich aber freilich auch, dass früher Marx´ Verwandte behaupteten, ich hätte ihn verdorben."

Marx´ Übertreibungen zum Einfluss der 1. Internationale auf die *Commune* führte in einigen Ländern zur Verfolgung von Organisationen und Personen, die zur Internationale gerechnet wurden.
Denn das Buch ließ in Regierungs- und konservativen Kreisen die Befürchtung entstehen, die im Verborgenen operierende 1. Internationale steuere die Arbeiterbewegungen in aller Welt.

3.2   Die Auflösung der *1. Internationale [IAA]*
[Spaltung 1872, Auflösung 1876]

- Zur Gründung der *1. Internationale* 1864: Kap. 2.10;

- *2. Internationale:* Gründung 1889 -
    Neugründung durch reformistische Sozialisten 1919 - (ab 1923 *Sozialistische Arbeiter Internationale*) bis 1940;

- *3. Internationale* (Komintern) Gründung 1919 als Zusammenfassung aller kommunistischen Parteien bis 1943)

In der IAA tobte eine Auseinandersetzung zwischen Anarchisten und Kommunisten. Das spiegelt sich in Äußerungen über Karl Marx.

"Marx, der schon an und für sich zur Selbstanbetung neigte, wurde definitiv durch die Abgötterei seiner Schüler verdorben, die aus ihm eine Art doktrinären Papst gemacht haben (...) All das machte Marx noch persönlicher, so daß er jeden zu verabscheuen beginnt, der den Hals vor ihm nicht beugen will",

schrieb Michail Bakunin 1872.

Dagegen schrieb Julius Walther eine Lobeshymne auf Marx:
"Interessant und fesselnd wie seine Erscheinung ist auch Marx selbst. Er ist ein Mann von ungewöhnlicher

Bildung, die gleichmäßig in die Tiefe wie in die Breite geht, und er ist in allen Sätteln des Wissens wohlberitten. Man fühlt sofort, daß er einer ist, der etwas zu sagen hat, und er sagt es mit dem schön gemessenen Atem, der nur dann zu kräftigen Stößen ausholt, wenn er die ihm irrig dünkenden Anschauungen bekämpft (...)".

1871 erschütterten die Folgen der Niederschlagung der Pariser Commune die sozialistischen Bewegungen. Zeitgleich erreichte der Konflikt zwischen Anarchisten und Marxisten einen seiner Höhepunkte. Er führte zur Spaltung und schließlich zur Auflösung der 1. Internationale.

Die Anhänger der konträren Ansätze von Michail Bakunin und Karl Marx fanden keine gemeinsame Basis. Marx wollte eine straffe Organisation der Bewegung und trat deswegen für die Bildung von organisatorisch festgefügten Arbeiterparteien ein.

Der Anarchist Bakunin vertrat die direkte Aktion als Prinzip der sozialen Revolution und war gegen festgefügte Formen von Organisation. Schließlich gerät Macht durch in Satzungen gegossene Strukturen unweigerlich in die Hände einzelner Sachwalter. Derartige Formate lehnte Bakunin ab.

Er gehörte zum russischen Adel, war ein intellektuelles Schwergewicht, charismatisch und besaß Organisationstalent. 1849 hatte Bakunin in Dresden auf den Barrikaden gekämpft, wurde verhaftet und an die Österreicher ausgeliefert, die ihn den Russen übergaben. Die Festungshaft wurde in Verbannung nach Sibirien umgewandelt. Von dort floh er über Yokohama nach San Franzisko. 1861 kehrte er nach Westeuropa zurück.

Michail Bakunin hatte auf seine Fahnen grundsätzliche Freiheiten für das Individuum, die Gemeinwesen und die menschliche Gattung geschrieben.

Für ihn führte der Marxismus zu einem autoritären Staat, der so diktatorisch und erdrückend sein würde wie die bestehenden bourgeoisen Ungerechtigkeiten: "Ich bin kein Kommunist, weil der Kommunismus alle Kräfte der Gesellschaft auf den Staat lenkt und in diesem absorbiert; weil er notwendig zur Zentralisierung des Eigentums in den Händen des Staates führt, während ich die Abschaffung des Staates will (...)."

Bakunin träumte von kleinen autonomen Kommunen, die locker verbunden eine Gesellschaft bilden sollten. Den Umsturz der bürgerlichen Gesellschaft wollte Bakunin durch einen schnellen Putsch erreichen. Die für Marx [und Engels] so entscheidenden Analysen sozioökonomischer Bedingungen interessierten ihn nicht.

Bakunin selbst stellte den Dissens zwischen Marx und ihm selbst so dar: "Als Slawe wollte ich die Befreiung der slawischen Rasse vom Joch der Deutschen durch die Revolution (...) und durch die Reorganisation der Völker von unten nach oben durch ihre eigene Freiheit, auf der Basis völliger ökonomischer und sozialer Gleichheit und nicht durch die Gewalt einer Autorität, wie revolutionär sie sich nennen und wie intelligent sie tatsächlich sein mochte.

Schon damals [=1848] war der Unterschied der Systeme (...) ein sich ausprägender. Meine Ideen und Aspirationen mußten Marx mißfallen.

Zunächst, weil es nicht die seinigen waren, dann weil sie den Überzeugungen der autoritären Kommunisten zuwiderliefen,

endlich weil er als deutscher Patriot damals, wie auch heute noch, nicht das Recht des Slawen, sich vom deutschen Joch zu befreien, zugab (...)"

Im 19. Jahrhundert dachten die Vertreter der internationalen sozialistischen Bewegung auch in nationalen Bezügen. So wurde Marx auch von französischen Sozialisten des Pangermanismus beschuldigt. Denn Marx vertrat die Meinung, nachdem die Commune in Paris vernichtet sei, ginge die Führung der sozialistischen Bewegung an die deutschen Arbeiter.

Theoretische Unterschiede führten in der Praxis zu gnadenlosen Machtkämpfen. Karl Marx war allgemein bei der Wahl seiner Mittel nicht zimperlich und auch nicht korrekt. Das zeigte sich bereits in einem anderen Zusammenhang.

Mitglieder des Londoner kommunistischen Arbeiterbildungsvereins warfen Marx vor, für Schneider in Pest [Ungarn] gesammelte Spendengelder nicht an diese weiter geleitet zu haben. Tatsächlich gab Marx das Geld zurück und trat aus dem Arbeiterbildungsverein aus.

Bei der entscheidenden Auseinandersetzung über die Ausrichtung der 1. Internationale 1872 nutzte Karl Marx die Stimmenmehrheit seiner Anhänger im Generalrat voll aus. James Guilaume, der Schweizer Delegierte am Haager Kongress 1872 berichtete, wie Engels und Marx versuchten, ihm das Stimmrecht zu nehmen. Auf der Liste der Delegierten tauchten Schwitzguébel und er , beide von der Jura-Föderation entsandt, als Delegierte des Kongresses von Neuchatel auf, den es gar nicht gab.

Guillaume berichtete später empört: "Ich erhob dagegen sogleich Einspruch. (...) Man erwiderte mir, daß das Versehen, bei dem es sich nicht um Absicht handle, berichtigt werden würde. (...) Ich wandte mich an Engels, erinnerte ihn an die Berichtigung, die nötig war (...)."

Am nächsten Tag war keine Korrektur der Liste erfolgt. Marx und Engels versprachen erneut die Berichtigung. Doch auch in der letzten Liste wurden Guillaume und Schwitzguébel als Delegierte von Neuchatel aufgeführt. "Dahinter steckte offenbar Absicht. (...)"

Sergej Podolinskij fasste das Ergebnis des Haager Kongresses 1872 so zusammen:

"Gestern fiel die Entscheidung (...) natürlich zugunsten des Generalrats. (...) Faktisch bedeutet das den Sieg der Zentralisten [= Marx],

aber moralisch ist der wirkliche Sieg den Anarchisten zugefallen, erstens, weil der Sieg der Zentralisten bei weitem nicht so vollständig war, wie sie gehofft hatten, denn die Neutralen, die Belgier und die Holländer, verbanden sich mit den Anarchisten, und zweitens, weil Marx, Engels und Co. durch ihr unschönes Verhalten die öffentliche Meinung sowohl des Kongresses wie die des Publikums gegen sich aufbrachten (...), ich wundere mich, daß ein so kluger Mensch wie er die äußere Seite des Sieges so hoch veranschlagt, wo doch aus den Fakten klar hervorgeht, daß die öffentliche Meinung der Gegenseite zugeneigt ist. (...)"

Die Gruppe um Marx beschloss die Verlegung des Generalrats nach New York, schließlich erfolgte 1876 die formelle Auflösung der 1. Internationale.

Die Auseinandersetzungen auf dem Haager Kongress sind ein Beispiel für die Zerstrittenheit radikaler sozialistischer Flügel. Das provoziert innerhalb der Bewegung häufiger lähmende Kämpfe bis hin zur Selbstzerfleischung.

3.3   Kein Schlusspunkt beim *"Kapital"*

Ein Spitzelbericht der französischen Polizei [in London] vom Okt. 1877 über Karl Marx:

"Karl Marx (...) hat wenig Umgang mit den (Kommune-)Flüchtlingen; er ist weder mit Vallés noch mit Ranvier, Landeck und Longuet einverstanden. Mit den internationalen Komitees steht er immer noch in Verbindung.

Man ist hier der Auffassung, daß er nicht mehr auf der Höhe der Zeit steht und zum Autokraten wird; sein Prestige läßt stark nach."

Nach der Veröffentlichung des ersten Bandes des *Kapitals* erwarteten Marx´ Anhänger, dass der Folgeband nicht lange auf sich warten lassen würde. Aber während der folgenden 16 Jahre [bis zu Karl Marx´ Tod 1883] erfolgte keine weitere Veröffentlichung.
Erst 1885 gab Friedrich Engel den zweiten und 1894 den dritten Band des *"Kapitals"* heraus. Denn Marx hatte bis zu seinem Tod nur zwei Kapitel der geplanten Folgebände entworfen.

Warum erfolgte keine zügige Bearbeitung der Folgebände durch Marx? Marxkritische Biografen deuten es so, dass er sich des Scheiterns seines Theorie-Gebäudes bewusst war. Marx sei gar nicht in der Lage gewesen, den endgültigen Zusammenbruch des Kapitalismus nachzuweisen.

Noch kritischer ist der Vorwurf, Marx sei sich bewusst gewesen, dass der ökonomischen Lehre des *Kapitals* die entscheidende Überzeugungskraft fehlte. Letztlich habe Marx sogar an politischen und sozialen Gestaltungsmöglichkeiten des Kommunismus gezweifelt.

Tatsächlich dachte Marx mit der ihm eigenen Gründlichkeit über die ökonomischen Probleme nach, die er in den Folgebänden erläuterte. Er wollte keine Thesen liefern, sondern Fakten. Stand die Entwicklung des Kapitalismus in Europa tatsächlich paradigmatisch für die ganze Welt? Entsprach das *"Gesetz um den tendenziellen Fall der Profitrate"* den Tatsachen? Wie erfolgte die Umformung feudaler oder genossenschaftlicher Landwirtschaft in das System des Kapitalismus?

Eifrig sammelte und ordnete Marx Informationen. Die Weltwirtschaft beschleunigte sich rasant, sie veränderte sich in Westeuropa, Russland, den USA, der ganzen Welt... Marx befasste sich mit einer immer größeren Informationsflut. Letztlich konnte er sie nicht mehr bewältigen, denn die „Entwicklung" des „Kapitalismus" war längst noch nicht abgeschlossen. [Das gilt bis heute...]

Zu berücksichtigen ist auch, dass Karl Marx sich in seinen letzten Lebensjahren nicht auf das *Kapital* konzentrieren konnte. Neben den Recherchen für das *"Kapital"* forderten ihn vier weitere Problemfelder. Jedes für sich allein könnte genügen, um einer Person alle Energien abzufordern.

Das erste Problemfeld waren die Ehen seiner beiden älteren Töchter und der Ehewunsch seiner jüngsten Tochter. Zweitens war er in die Organisation der 1. Internationale und der deutschen Sozialdemokratie involviert. Drittens gehörten Krankheiten zu Karl Marx´ Alltag (Kap. 3.4). Viertens wurde über Voraussetzungen des zukünftigen Klassenkampfs (besonders in Russland) gestritten.

Der Familienvater Karl Marx war über die Ehemänner seiner beiden älteren Töchter nicht begeistert. 1882 verdammte er beide gleichzeitig: "Longuet als letzter Proudhonist und Lafargue als letzter Bakuninenist! Der Teufel soll sie holen!"

Im Fall ihrer dritten Tocher Eleanor verhinderten Jenny und Karl Marx aktiv deren Heiratspläne.

Die mittlere Tochter Laura heiratete 1868 den Franzosen Paul Lafargue. Die ersten drei Kinder der Lafargues starben früh. Paul Lafargue setzte sich vehement für die

Pariser Commune ein und musste nach deren Niederlage mit seiner Familie fliehen. Er kam nach England und scheiterte dort mit zwei Unternehmensgründungen. Beide Male beglich Engels die Schulden.

Engels half auch Jenny und Charles Longuet, die 1872 geheiratet hatten. Charles Longuet arbeitete 1871 als Redakteur der Arbeiterkammer der Pariser Commune. Auch er floh nach England, fand dort eine Anstellung als Französischlehrer, während Jenny als Kindermädchen arbeitete.

1872 verlobte sich die jüngste Tochter Eleanor im Alter von 17 Jahren mit dem 33-jährigen Prosper-Oliver Lissagaray. Jenny und Karl unternahmen alles, um eine Trennung zu bewirken. Sie erlaubten Eleanor nicht, Lissagaray zu sehen. Eleanor musste sich ihren Eltern fügen und erkrankte wegen dieser heftigen Auseinandersetzungen mehrfach. 1880 kehrte Lissagaray nach Frankreich zurück, seine Beziehung zu Eleanor fand damit ein Ende.

Eleanor Marx [Spitzname *Tussy*] entwickelte aufgrund dieses Konflikts ein negatives Verhältnis zu ihrer Mutter; im Gegensatz dazu blieb sie bis zu ihrem Tod eine unkritische Bewunderin ihres Vaters.

Marx´ zweite Belastung war sein internationales Engagement. Über die Probleme der 1. Internationale wurde in Kap. 3.2 berichtet. Marx richtete sein besonderes Augenmerk aber auf die Entwicklungen in Deutschland. Er betrachtete die Fortschritte der Sozialistischen Bewegung(en) dort mit Anteilnahme und Stolz.
Übertreibend berichtete ein Spitzel im Oktober 1878 über Karl Marx: "Er empfängt viele deutsche Besucher und ist, seit dem Tode Lassalles der unumstrittene Führer

der deutschen Revolutionäre. Die sozialistischen Abgeordneten in Deutschland sind die offiziellen Befehlshaber, die Divisionsgeneräle; Marx jedoch ist der Stabschef der Armee, er arbeitet die Feldzugspläne aus und überwacht ihre Ausführung."

Die Behauptung, Marx sei Chef der deutschen Sozialdemokratie, war 1878 unangebracht. 1875 hatte Marx erleben müssen, wie August Bebel und Wilhelm Liebknecht bei Gründung der Sozialistischen Arbeiterpartei (SAP) wesentliche kommunistische Standpunkte aufgegeben hatten [Gothaer Programm]. Das änderte sich erst 1891 wieder mit dem Erfurter Progamm der 1890 gegründeten SPD. Friedrich Engels freute sich über deren marxistische Ausrichtung.

Insgesamt bleibt festzuhalten, dass Marx in den 1870er Jahren keinen entscheidenden Einfluss auf die praktische deutsche Parteipolitik hatte. Die bürgerliche Seite behauptete das absichtsvoll und ebenso absichtsvoll wurde es von Liebknecht als deutschem Arbeiterführer behauptet.

Drittens belasteten Krankheiten Marx massiv. Diesem Problemfeld ist das nächste Kapitel gewidmet.

Die vierte Belastung war die Frage nach dem konkreten Ablauf der Revolution. Die "Proletarier" in den westeuropäischen Ländern zeigten wenig Neigung zum Klassenkampf. In vielen Staaten gewannen politisch gemäßigte Arbeiterbewegungen an Zugkraft. Sie akzeptierten die jeweiligen Verfassungen.

Als Konsequenz stellten die russischen revolutionären Kreise die Frage, ob die kommunistische Revolution nicht in ihrem von der Agrarwirtschaft geprägten Lande beginnen könne.

Denn die dörfliche Mir-Gemeinschaft praktiziere bereits Sozialismus.

Karl Marx vertiefte sich nach der Veröffentlichung des ersten Bandes des *Kapitals* in Forschungsergebnisse von Ethnologen und auch Philologen, die Spuren alter Gemeineigentumsverhältnisse bis in die Gegenwart hinein verfolgten [auch im Regierungsbezirk seiner Geburtsstadt Trier].

Marx bezog sich auf den Juristen Georg von Maurer, der die These vertrat, einzelne Personen hätten niemals die für ein sesshaftes Leben notwendigen Ackerböden ganz allein kultivieren können. Dazu seien ganze Sippen oder "Staaten" notwendig gewesen.

Diese allerersten Gemeinschaften steckten letztendlich hinter den *Markverfassungen* {Dreimal jährlich trafen sich die Markmänner zum feierlichen *Ding*.} und in der griechischen *gens*.

Marx las sich zu diesen Entwicklungen in Forschungen von Lewis Henry Morgan, John Ferguson McLennans und anderen ein. "Institutionen" und "Einstellungen" der Urgemeinschaft[en] hätten sich im Laufe der historischen Entwicklungen als sehr lebensfähig erwiesen und einen [wichtigen] Gegenpol zum sich verstärkenden Prozess der Entfremdung gebildet.

Für die Frage der Entwicklung in Russland setzte Marx auf Nikolai Tschernyschewski. Der schrieb, dass die Mir einerseits Kennzeichen der Rückständigkeit Russland seien. Doch die russischen Bauern könnten, unter dem Einfluss fortgeschrittener Nationen, [ohne Zwischenstadium des Kapitalismus] direkt von einer niedrigen in eine höhere Stufe gelangen.

Marx gelangte bestätigend dazu zur Ansicht, dass die Lebensfähigkeit gemeinschaftlicher Strukturen in den Urgemeinschaften größer war als die der griechischen, römischen und schließlich auch modernen kapitalistischen Gesellschaften.
Entsprechend begrüßte er in einem Briefentwurf an Vera Sassulitsch Revolutionspläne im landwirtschaftlich geprägten Russland: "Theoretisch gesprochen kann (...) die russische Dorfgemeinde (...) der unmittelbare Ausgangspunkt des ökonomischen Systems werden, zu dem die moderne Gesellschaft tendiert, und ein neues Leben anfangen (...) sie kann sich die positiven Errungenschaften, mit denen die kapitalistische Produktion die Menschheit bereichert hat, aneignen, ohne durch das kapitalistische Regime gehen zu müssen, ein Regime, das, rein vom Standpunkt seiner möglichen Dauer betrachtet, im Leben der Gesellschaft kaum ins Gewicht fällt."

Marx´ Standpunkt erwies sich schnell als nicht haltbar. Schon während der 1880er Jahre wurden die meisten Forschungsergebnisse, auf die Marx sich bezogen hatte, widerlegt.
Das galt auch für den russischen Mir. Er entstand, um die Steuerhaftung von Dorfgemeinschaften gegenüber dem Herrscher zu sichern und begründete damit kollektive Knechtschaft.

Auf der Basis dieses neuen Wissens machte Engels als Chefdenker der sozialistischen Bewegung um 1890 keine Zugeständnisse an die russischen Sozialisten.
Russland musste Engels´ Meinung nach der westeuropäischen Entwicklung folgen, Zumal sich in den 1890er Jahren auch Russland industrialisierte. Seine Entwicklung unterschied sich tendenziell nicht mehr von der Englands oder der USA.

"Ich fürchte, wir werden die Obschtschina bald als einen Traum der Vergangenheit zu betrachten und in Zukunft mit einem kapitalistischen Russland zu rechnen haben", schrieb er an Nikolei Danielson [Übersetzer des Kapitals ins Russische].

Engels entdeckte in den russischen Dorfgemeinschaften keine Anzeichen positiver Entwicklung. Im Gegenteil hätten sie durch Beharrung Fortschritte verhindert. Für Engels war es *"kindisch"*, davon ausgehen, dass die kommunistische Revolution *"aus dem innersten Innen des russischen Bauern heraus"* entstehen könnte.

Karl Marx hatten die Auseinandersetzungen um diese vier Problemfelder Energie und Konzentration abgefordert. Sie minderten seine Kräfte zur Bearbeitung des *"Kapitals."*

3.4 Der Dauerpatient Karl Marx

Marx über Ärzte und Krankheit:

"Ad vocem Karbunkeln. Ärzte befragt, nichts Neues. Alles, was die Herrn sagen, kömmt darauf hinaus, daß man (Rentier) sein müsste, um ihren Vorschriften gemäß zu leben, statt wie ich ein kirchenmausarmer Teufel."

Die Achtung vor Marx´ Leistungen steigert sich bei denen, die sich genauer mit seiner labilen Gesundheit und seinen vielen Krankheiten befassen.

Er wurde 1818 in eine Familie mit erblich bedingter Disposition zu Tuberkulose- und Atemwegserkrankungen geboren. Als Student wurde er wegen Atemnot vom Wehrdienst ausgemustert. Von Marx´ acht Geschwistern starben zwei als Kinder und drei als Twens.

Dass der zarte Knabe Karl Marx überhaupt das Erwachsenenalter erreichte, wird mit seiner großen Willenskraft begründet. Das Wechselspiel zwischen psychischen und physischen Faktoren lässt sich bei Marx´ Krankheiten beobachten. 1837 erkrankte er, als er sich eingestehen musste, dass er als Schriftsteller keine Chance hatte.

Die Genesungskur in Stralow [Der Ort gehört jetzt zu Berlin.] wurde in zwei Punkten wichtig. Erstens verbesserte sich Marx´ Konstitution erheblich, zweitens las er sich in Hegels Werke ein.

Der erwachsene Karl Marx strapazierte seinen Körper durch völlig unregelmäßige Tagesabläufe. *"Seine Frau* machte ihm die ernstesten Vorstellungen - er meinte jedoch lachend, seiner Natur entspreche das. (...) Und trotz seiner ungemein kräftigen Konstitution fing Marx schon Ende der fünfziger Jahre an, über allerhand Störungen in den Körperfunktionen zu klagen.

Ein Arzt mußte zu Rat gezogen werden. Ein kategorisches *Verbot der Nachtarbeit* war die Folge. Und (...) viel Leibesübungen: Spaziergänge, Spazierritte wurden verordnet. (...)

Er erholte sich auch bald wieder - denn in der Tat, er hatte einen zu großen Anstrengungen und großer Kraftentfaltung vortrefflich geeigneten Körper. Allein, kaum fühlte er sich wieder wohl, so verfiel er nach und nach wieder in die Gewohnheit der Nachtarbeit, bis wieder eine Krise eintrat, die ihn zu vernünftiger Lebensweise zwang (...).
Die Krisen wurden heftiger - ein Leberleiden entwickelte sich, bösartige Geschwüre traten auf. Und allmählich wurde die eiserne Konstitution untergraben",
erinnerte sich Karl Liebknecht 1896.

Ab 1849 litt Marx unter Leber- und Gallenbeschwerden [mit 31 Jahren]. Besonders während der Frühjahre machte ihm das Leberleiden zu schaffen. Die Krankheit entwickelte sich ab 1858 chronisch. Folgen und Symptome waren Kopfschmerzen, entzündete Augen, Nervenschmerzen, rheumatische Beschwerden und Hämorrhoiden.

Einmal teilte Marx Engels mit: "Das Bücken, das beim Schreiben nötig, macht mir Schmerzen..."

187

Zusätzlich waren Marx´ Essgewohnheiten der Gesundheit abträglich: Er mochte kräftig Gewürztes, geräucherten Fisch, Kaviar, Essiggurken und griff bevorzugt zu alkoholischen Getränken: Moselwein, Bier, Liköre.
Die ihn betreuenden Ärzte sahen übrigens im Alkoholgenuss kein Problem. Denn als Arznei wurden ihm oder seiner Frau Jenny z.B. öfter ein tägliches Glas Portwein oder löffelweise Brandy verordnet.

Überhaupt wichen damalige Medikationen von heutigen ab. Der Familie Marx konnte in Krankheitsfällen auch Wein oder Opium [!] verordnet werden. Als Therapie galt ebenfalls, viermal so viel zu essen wie bisher, um zu Kräften zu kommen.
Um das teure Geld für den Arzt zu sparen, stellte Familie Marx die Liste der notwendigen Medikamente häufig auch selbst zusammen.

Ab 1860 schlich sich eine beängstigende Sorge bei Familie Marx ein: Ärzte stellten bei Karl Marx eine Leberverlängerung fest. Das gleiche Leiden war Ausgangspunkt für die tödliche Krankheit von Marx´ Vater.
Jenny Marx erinnerte sich 1880 an diese Zeit."(...) *da erkrankte mein lieber, teurer Karl. Übergroße Angst, Sorge und Quälereien aller Art warfen ihn aufs Krankenlager. zum ersten Male war sein chronisches Leberleiden in ein akutes umgewandelt."*
1863 führte sein Leberleiden zu Karbunkeln. {Dabei verschmelzen Furunkel [= bis zu walnussgroße knotenförmige Entzündungen der Unterhaut] zu sehr schmerzhaften Entzündungsherden.} Marx schaffte sich Erleichterung durch mehr Rauchen und die dreifache Pillendosis.

Trotz der vielfältigen Krankheiten änderte Marx seinen Arbeits- und Lebensstil nicht. Liebknecht schrieb: "Er arbeitete kolossal; und da er am Tage - namentlich in der ersten Flüchtlingsperiode - oft verhindert war, so nahm er zur Nacht seine Zuflucht.

Wenn wir spätabends von irgendeiner Sitzung oder Versammlung nach Hause kamen, dann setzte er sich regelmäßig hin und arbeitete ein paar Stunden. Und die paar Stunden dehnten sich immer mehr aus, bis er zuletzt fast die ganze Nacht hindurch arbeitete und des Morgens schlief."

Auch Marx´ Ehefrau Jenny litt unter chronisch schlechten Gesundheitszuständen. Oft hatte sie Bronchitis, 1852 musste sie wegen körperlicher Schwäche behandelt werden. 1860 bekam sie Pocken, obwohl sie geimpft worden war. Häufig zeigte sie nervöse Erregbarkeit [wahrscheinlich Depressionen], auffällig waren häufige Stimmungswechsel.

Die Wohnung der Familie Marx in Soho war eng, ungesund und viel zu klein. Vier der sieben Kinder starben früh: 1850 Guido ("Fawkes" 1 Jahr), 1852 Franziska (1 Jahr)   1855 Edgar ("Musch" 8 Jahre), 1857 starb ein Kind am Tag seiner Geburt.

Ein heikler Punkt im Leben von Karl Marx war das Rauchen. Er war ein leidenschaftlicher Raucher. "Ich habe Dr. Marx zwei- oder dreimal besucht und ihn jeweils in seiner Bibliothek angetroffen, wo er mit einem Buch in der Hand und einer Zigarre in der anderen saß. Er muß über siebzig sein",
berichtete 1881 ein Reporter. {Marx war 63 Jahre alt.}

1875/83 schrieb Friedrich Leßner: "Marx litt damals schon an einem schlimmen Husten; wenn man ihn husten hörte, glaubte man, seine breite, mächtige Gestalt würde in Stücke bersten. Dieser Husten rieb ihn um so mehr auf, als seine Konstitution schon seit Jahren infolge andauernder Überarbeitung untergraben war.

Bereits um die Mitte der siebziger Jahre hatte ihm der Arzt das Rauchen untersagt. (...) Marx erzählte mit Freude, wie lange er schon nicht mehr rauchte. Darüber war er selbst erstaunt. Später erlaubte ihm der Arzt eine Zigarre am Tag."

Alle Probleme ging die Familie durch Zusammenhalt und Humor an. Die Tochter Jenny Longuet erinnerte sich 1871: "Zu Hause hielten wir alle gute Kameradschaft, und er war der beste und lustigste von allen; durch all die Jahre, während welcher er so viel Schmerzen ausstand, die ihm die Karbunkel bereiteten, bis ans Ende."

Marx linderte seine Leiden durch Kuren. Besonders hilfreich waren Aufenthalte in Karlsbad, wo Marx sich 1874, -75 und -76 aufhielt.
In diesem Heilbad "gebrauchte er seine Kur mit der größten Gewissenhaftigkeit und tat alles, was ihm verordnet wurde. (...) nach der Kur dort fühlte er sich immer wie neugeboren."
Ab 1877 drohte ihm die mögliche Ausweisung aus Karlsbad, er konnte den Ort nicht mehr aufsuchen.

Marx´ letzte Lebensjahre

Die Jahre ab 1881 waren eine Zeit ständigen Leidens für Karl Marx. "Die Stille, die (...) im Marxschen Hause herrschte, rührte vor allem davon her, daß Frau Jenny Marx bereits von ihrem furchtbaren Leide [Krebs] befallen war (...). Allerdings darf man sich die Art dieses Leidens (...) nicht als ständige Bettlägerigkeit vorstellen. Der Zustand der Kranken wechselte sehr (...). Aber das Leiden war da, seine Schmerzen und im allgemeinen zunehmende Schwäche. Das mußte alle Familienmitglieder aufs tiefste bedrücken",

berichtete Karl Kautsky.

"Aber auch Frau Marx´ langwierige Krankheit, seine eigene zerfallende Gesundheit und gewisse Verdrießlichkeiten und Enttäuschungen, die einen Mann wie Marx fast sicher heimsuchten, störten das Gleichgewicht seines Gemüts und ließen ihn Dinge von der schlechtesten Seite sehen",

berichtete Hayndman.

Marx seelische Leiden wirkten sich körperlich aus. Je weniger er schrieb {Er schrieb nicht mehr systematisch am *"Kapital".*} desto mehr verschlechterte sich sein körperlicher Zustand. Schließlich fand er selbst Engels´ Gegenwart lästig.

Über die letzten Tage Ihrer Mutter schrieb Eleanor Marx: "Im Herbst (...) hatte Mohr einen bedenklichen Anfall von Brustfellentzündung. Es war so gefährlich geworden, weil er sein Leiden immer vernachlässigt hatte. Der Arzt (unser trefflicher Freund Donlin) hielt den Fall für beinahe hoffnungslos. Es war eine entsetzliche Zeit.

In der großen Vorderstube lag unser Mütterchen [Sie hatte Krebs.], in der kleinen Stube daneben lag Mohr. Und diese beiden, die so aneinander gewöhnt, so miteinander verwachsen waren, konnten nicht mehr in demselben Raume zusammen sein.

Unser gutes, altes Lenchen (du weißt, was sie uns war) und ich, wir hatten beide zu pflegen. Der Arzt sagte, unsere Pflege habe Mohr gerettet. (...) Dann starb Mütterchen {2.12.1881} (...).

Als unser lieber General [= Engels] kam, sagte er: ´Der Mohr ist auch gestorben.´ Und das war wirklich so."

Nach dem Tod seiner Frau war Marx ein gebrochener Mann. Aufgrund seiner schweren Erkrankung konnte er nicht einmal an ihrer Beerdigung teilnehmen. An seiner Stelle hielt Friedrich Engels die Rede an ihrem Grab.

1882 misslangen Marx´ Versuche, Erholung zu finden. Zuerst suchte Marx mit Eleanor Erholung in Ventnor auf der Isle of Wight. Dann reiste er weiter [für zehn Wochen] nach Algier, anschließend kurz nach Monte Carlo.
In Frankreich suchte er noch seine Tochter Jenny auf, die ebenfalls Krebs hatte. Zuletzt fuhr er in die Schweiz.

Überall, wo sich Marx während dieser Zeit aufhielt, setzte regnerisches und kühles Wetter ein. Kaum erholt kehrte Marx nach London zurück. Der letzte furchtbare Schlag war der Tod seiner Tochter Jenny Longuet am 11.1.83. Sie starb an Blasenkrebs.

Am 14. März 1883 wollte Friedrich Engels nachmittags seinen Freund Karl Marx besuchen. "Unser braves Lenchen, das ihn gepflegt, wie keine Mutter ihr Kind pflegt, ging herauf, kam herunter:
er sei halb im Schlaf, ich möge mitkommen. Als wir eintraten, lag er da, schlafend, aber um nicht mehr aufzuwachen. Puls und Atem waren fort. In den zwei Minuten war er ruhig und schmerzlos entschlummert."

An Karl Marx´ Beerdigung [17. März 1883] nahmen elf Personen teil, unter ihnen Friedrich Engels, Eleanor Marx, Paul Lafarge, Charles Longuet, E. Ray Lankester, Carl Schorlemmer, Wilhelm Liebknecht und Friedrich Leßner.

Friedrich Engels hielt vor der kleinen Schar der Anwesenden die Trauerrede für seinen Freund. Er wies auf Marx´ überragende Bedeutung hin.
Und tatsächlich griffen mit und nach Friedrich Engels viele Revolutionäre und Politiker auf die Marx´schen Theorien zurück. Von diesen bewegt, gestalteten sie die Welt; passten und passen dabei oft Marx´ Ideen den ihren an.

In Gestalt dieser Nuancierungen wirkte der *"Marxismus"* auf das Leben von Millionen von Menschen und ganzer Völker, im Positiven wie im Negativen.

3.5   War der Marxismus ein Irrweg?

Interviewfrage an Karl Marx (1879): "Können sich die Herrscher nicht über eine Einschränkung der Rüstung verständigen?"

Marx: "Ach, dazu sind sie nicht imstande. Furcht und Argwohn werden das unmöglich machen. Die Last wird mit jedem Fortschreiten der Wissenschaft immer schlimmer werden; denn mit ihrem Fortschreiten wird die Vervollkommnung der Zerstörungskunst Schritt halten und es müssen von Jahr zu Jahr steigende Beiträge für teures Kriegsgerät aufgewandt werden."

Können wir uns vom Marxismus verabschieden?

[Auf welchen *"Marxismus"* beziehen Sie als Leser*Innen diese Frage?]

Einige mögliche Begründungen:

Ja.

Schließlich zögerte und zauderte Karl Marx bei der Endfassung des *"Kapitals"*, weil er sich der Vielzahl der Probleme bewusst war, für die er keine definitiven Antworten fand.

Ja.

Schon vor 1900 machte sich Eduard Bernstein, ein enger Mitarbeiter Engels´ [z.B. bei der Redaktion von Band 3 des *"Kapitals"*] daran, den Sozialismus neu zu denken. Dafür wurde er als Revisionist beschimpft und ausgegrenzt.

Ja.

Die sich auf Karl Marx berufenden Parteien versag(t)en in zu vielen Punkten.

Ja.

Dort, wo Menschen immer noch Karl Marx in ihrem Herzen tragen [oder ihn zumindest auf ihre Fahnen geschrieben haben], werden ihnen
entweder Informationen [konkret: der Zugang zum weltweiten Internet] vorenthalten
oder der Umgang „marxistischer" Parteien mit unbestreitbaren Fakten ist irritierend.

Ja.

In der Ära von Industrie 4.0 können Theorien aus dem Jahr 1883 [Karl Marx´ Todesjahr] keine Antworten auf aktuelle soziale, politische und ökologische Probleme geben.

Nein.

Der Marxismus behält seine Wirksamkeit als Ferment der Sozial- und Geistesgeschichte.

Nein.

Im Marxismus können all jene [Teil-]antworten finden, die unsere Gesellschaft nicht als die beste aller möglichen Welten empfinden.

Nein.

Marx [und Engels] boten Werkzeuge zur Analyse, Impulse zum Handeln und letztlich die Idee einer Zukunft, die allen [faire] Chancen und Teilhabe bietet.

Nein.

Der Marxismus bleibt Pfahl im Fleisch einer sich als alternativlos verstehenden Gesellschaft.

Nein.

Hält nicht der Neoliberalismus mittels der Globalisierung sämtliche Politik in seinem Würgegriff?

Nein.

Der Marxismus steht unter der göttlichen Verheißung des Nazareners: "Selig sind, die hungern und dürsten nach der Gerechtigkeit. Denn sie sollen satt werden."

Neues Testament, Matthäus 5,6

……………………………………………………………………………………………………..

Zum MEGA²-Projekt

Seit 1998 wird an einem erneuten MEGA-Projekt [=Marx-Engels-Gesamtausgabe] gearbeitet. An der Veröffentlichung sind Universitäten und Institutionen aus Deutschland, den Niederlanden, Russland, Japan, Dänemark, Italien, Frankreich und den USA beteiligt. 114 Bände sind geplant, bis jetzt erschienen 65 davon.

Die Herausgeber haben eine Entpolitisierung der Edition auf ihre Fahnen geschrieben.
Gearbeitet wird nach dem Prinzip der konsequenten Historisierung des Werks. Das Marx´sche Denken wird im Zusammenhang seiner Zeit und ihrer Problem- und Fragehorizonte verortet.

Unumstritten ist die geschichtsprägende Kraft des Marx´schen Denkens. Marx legitimer Ort befindet sich in der Wissenschaftsgeschichte mehrerer Disziplinen: Wirtschaftsgeschichte, Sozialgeschichte, Philosophie, Soziologie, Kulturgeschichte.

44° Celsius   Altes Land, Sommer 2044 Krimi

ISBN   9 783 750498655   228 S. – 8,99 €

E-Book   9 783 752618785

==

Europas rote Gespenster

Band 1   **Friedrich Engels – Der kreative Schatten**

ISBN   9 783752 832730   163 S., 6,99 €

- - - - - - - - - - - - - - - - - - - -

Band 2 **Karl Marx - Genie und Chaot**

ISBN   9 783750   427457   220 S., 7,49 €

- - - - - - - - - - - - - - - - - - -
-

Band 3   **General und Mohr – Die siamesischen Zwillinge**

==

Aus.Ende.Vorbei   -Dystopie-

ISBN   9 783748 140788   Auch als E-Book

==

Das Bernsteinzimmer: September 2001   Die letzten Protokolle

ISBN 9 783751 924450   Auch als E-Book

199